Diethard Zils

Trotz und Träume

Dominikanische Quellen und Zeugnisse

herausgegeben von

THOMAS EGGENSPERGER OP
ULRICH ENGEL OP

Institut M.-Dominique Chenu

in Verbindung mit
BARBARA HALLENSLEBEN, Freiburg i.Ue.
WOLFRAM HOYER OP, Augsburg
PETER SPICHTIG OP, Freiburg i.Ue.
GUIDO VERGAUWEN OP, Freiburg i.Ue.

Band 19
Diethard Zils, Trotz und Träume

Diethard Zils

TROTZ UND TRÄUME

Zwischen Politik und Liturgie

HERAUSGEGEBEN VON
FRANO PRCELA

Band 19
der Dominikanischen Quellen und Zeugnisse
wurde gefördert durch das
Dominikanerkloster Mainz

Bibliografische Information der Deutschen Nationalbibliothek
Die Deutsche Nationalbibliothek verzeichnet diese Publikation in der Deutschen Nationalbibliografie; detaillierte bibliografische Daten sind im Internet unter http://dnb.d-nb.de abrufbar.

ISBN 978-3-7462-4482-2

Umschlaggestaltung: Ulrike Vetter, Leipzig
Umschlagabbildung: © Christoph Brandt OP, Mainz
Gesamtherstellung: Kontext, Leipzig (A)

Inhaltsverzeichnis

VI. ÖKUMENE UND FRIEDEN

VII. PILGER UND PREDIGER

VIII. GLAUBE UND ERFAHRUNG

Vorwort des Herausgebers

Diethard Zils steht für die Generation des Aufbruchs im Gefolge des II. Vatikanischen Konzils. Vor allem im Bereich der neuen geistlichen Musik und der Suche nach einer zeitgemäßen Sprache für die Rede von Gott inspirierte er viele, besonders im Rahmen der Jugendarbeit (z. B. KSJ), auf Katholiken- und Kirchentagen. So wirkte er von Düsseldorf und Bottrop, aber auch von Rom, Sarajevo und Brüssel aus. Seine besondere Nähe zu Ländern Mittel- und Südosteuropas (Polen, Lettland, Kroatien) machte ihn zu einem gefragten Gesprächspartner auf dem europäischen Parkett, auch in politischen und kulturellen Fragen.
Eine Sammlung mit den wichtigsten oder zumindest bekanntesten Texten von Diethard Zils herauszugeben, hatte ich seit langem vor. Ein erster Teilversuch gelang vor über zwei Jahrzehnten mit dem Buch *Pilger des Wortes*.[1] Es handelte sich dabei um eine auf Kroatien bezogene Auswahl seiner Poesie. Jemandem, der in so vielen Sprachen zu Hause ist und fast tagtäglich Texte anderer Autoren übersetzt, seine eigenen Gedichte vollständig zweisprachig (Deutsch und Kroatisch) zu überreichen, erfüllte mich mit einem gewissen Stolz. Einige dieser deutsch-kroatischen Gedichte finden sich auch in diesem Buch wieder.
Mein dominikanischer Mitbruder hatte zwar einer gemeinsamen Gesamtzusammenstellung seiner Texte wohlwollend zugestimmt, doch ließ eine tatsächliche Umsetzung des Vorhabens auf sich warten. Einen entscheidenden Impuls leistete die Einladung von Thomas Eggensperger OP und Ulrich Engel OP, dieses seit langem geplante Buch in der Reihe *Dominikanische Quellen und Zeugnisse* (DQZ) herauszugeben. Dafür möchte ich den beiden Mitbrüdern und Herausgebern von DQZ ganz herzlich Danke sagen.
Trotz der klaren Absprache bezüglich der zeitlichen Planung wie auch des thematischen Umrisses dieses Buchprojektes drohte es dennoch zu scheitern. Quasi in letzter Minute konnte ich

Diethard doch noch überzeugen, mit mir zusammen eine Auswahl seiner Texte vorzunehmen. Im Eilverfahren hieß es dann im Internet zu recherchieren, welche Bücher, die seine Texte enthielten, noch im Buchhandel bzw. vornehmlich in Buchantiquariaten zu finden sind. Diethard selbst hat nämlich nur einige wenige Texte aufbewahrt.

Somit können hier nur diejenigen Texte – meist Prosa – präsentiert werden, die ich finden konnte, die auch vom Autor selbst für gut und wertvoll befunden wurden. Hier wird also nicht das gesamte Œuvre von Diethard dargeboten, wohl aber die nach Ansicht des Autors und des Herausgebers wichtigsten literarischen Versuche. Im Nachhinein wird man möglicherweise konstatieren, dass manch bedeutender Text unerwähnt blieb. Als Herausgeber vermochte ich indes nur das zu berücksichtigen, was der Autor mir vorlegte und ich selber – in sehr mühsamer Suche – auch tatsächlich finden konnte.

Ich freue mich sehr, dass ein langgehegter Wunsch nicht (nur!) Traum geblieben ist, trotz ungünstiger Umstände dennoch (also, passend zum Titel des Buches!) Diethard zu seinem 80. Geburtstag pünktlich überreicht werden kann. Viele haben dazu beigetragen. Einige sind schon erwähnt worden und folgende seien hier noch ausdrücklich genannt.

Für die unkomplizierte und großzügige Besorgung bzw. Überlassung der Druckrechte sei dem tvd-Verlag (Düsseldorf), in Person des Verlagsdirektors Achim Broich, sehr herzlich gedankt.

Ute Stachelhaus-Theimer, Dr. Michael Vesper und Dr. Stefan Vesper, langjährige Weggefährten und Freunde des Jubilars, danke ich für die überaus freudige Zusage und zügige Bereitstellung der (Doppel-)Nachworte.

Den Verantwortlichen des St. Benno Verlags sei gedankt für die Zusammenarbeit beim eigentlichen „Herstellen“ des Buches, wobei manches sehr schnell erledigt und spontan (um)entschieden werden musste.

Meinem (und Diethards) Mainzer Dominikanerkonvent danke ich vor allem für die finanzielle Ermöglichung, dass dieses Buch anlässlich seines runden Geburtstags gedruckt werden konnte. Insbesondere danke ich Diethard, dass er vor allem in der Endphase der Arbeit am Buch auf viele Aktivitäten zu verzichten bereit war, damit sein Buch Trotz und Träume erscheinen konnte. Schlussendlich, lieber Diethard, herzlichen Glückwunsch zum Geburtstag: *Ad multos annos!*

Mainz, am 11. Juli 2015,
dem Fest des hl. Benedikt, Schutzpatron Europas

Frano Prcela OP

1 Diethard Zils, *Pilger des Wortes. Auswahl aus der Poesie = Hodočasnik riječi. Izbor iz poezije.* Eingel., übers. und hrsg. v. Ivica Lovrić u. Frano Prcela. Globus/Dominikanski provincijalat, Zagreb 1994.

I

Nein und Amen

Biblische Verheutigungen

Glücklich die Kirche

Ps 1

Die beiden Wege

Glücklich ist die Kirche, die nicht blind
ihren eigenen Traditionen vertraut,
doch auch nicht kritiklos auf jede neue Mode hereinfällt.
Glücklich die Kirche,
die nicht nur milden Spott übrig hat für das unsichere
Suchen und Fragen der Menschen
und auch nicht gereizt reagiert,
wenn sie selber Spott erfährt und belächelt wird.
Glücklich die Kirche, die Freude gewinnt aus dem Glauben,
dass ein rettender, befreiender Gott hinter ihr steht, die nie aufhört zu fragen,
welche Konsequenzen jetzt aus diesem Glauben zu ziehen sind.

Eine solche Kirche könnte Ort der Menschlichkeit sein in einer unmenschlichen Welt.
Sie könnte den Menschen die Zuversicht schenken, dass Zukunft, Friede und gleiche Chancen für alle verwirklichbar sind.
Sie könnte selbst Modell dieser Zukunft sein.
Doch eine Kirche, die sich weigert, sich selbst in Frage stellen zu lassen,
wird ganz aus dem Bewusstsein der Menschen verschwinden.
Sie wird nicht bestehen vor dem Urteil des Herrn, ihres Gottes,
noch vor den Menschen, die nach Gerechtigkeit schreien.

Eine Kirche, die sich vom Establishment löst,
die ständig unterwegs ist zu neuen Realutopien,
braucht keine Angst zu haben, von Gott verlassen zu sein,
aber Gott in Anspruch zu nehmen für eine noch so gut gemeinte menschliche Sturheit, ist ein Versuch, der fehlschlagen muss.

Wir sagen: ‚Nein‘ Ps 14

Torheit der Gottesleugner

Sie lieben die Macht, die Großen dieser Welt, das Volk betäuben sie mit Cola, Pop und Sex.
Diguem no!
Sie kennen nur das große Geld,
die Kleinen korrumpieren sie durch Werbung und Konsum.
Diguem no!
Sie wollen, dass niemand ihr Spiel durchschaut, und finden viele, die sich mit größtem Vergnügen ausbooten lassen.
Diguem no!

Sie behandeln ganze Völker als Menschen zweiter Klasse
und finden immer noch einen Politiker, der dafür Verständnis hat.
Diguem no!
Sie foltern den, der Gott auf der Seite der Armen sieht,
und finden immer noch einen Bischof, der sie in Schutz nimmt.
Diguem no!
Sie sichern sich ab durch Brosamen, die sie von ihrem Tisch fallen lassen,
und finden immer noch eine Kirche, die das mit der Liebe verwechselt, die Jesus Christus gepredigt hat.
Diguem no!

Sie danken einem Gott, der nur für das Jenseits zuständig ist.
und finden immer noch einen Frommen, der ihnen auf den Leim geht.
Diguem no!

Segen für eine Ehe

Ps 20

Bitte für den König

Keinen Tag soll es geben, da ihr sagen müsst:
Niemand ist da, der uns hört.
Keinen Tag soll es geben, da ihr sagen müsst:
Niemand ist da, der uns schützt.
Keinen Tag soll es geben, da ihr sagen müsst:
Niemand ist da, der uns hilft.
Keinen Punkt soll es geben, da ihr sagen müsst:
Wir halten es nicht mehr aus.

Was ihr einander Gutes tut, verliere nie seinen Wert, und was ihr gemeinsam für andere bedeutet, gerate nie in Vergessenheit.
Eure Pläne sollen niemandem Unheil bringen, was eure geheimste Sehnsucht ist, das werde euch spürbar geschenkt.
Dann wird eure Ehe für viele ein Zeichen der Hoffnung sein,
ein Ort, an dem Gottes Liebe sichtbar und greifbar wird.

Manche sehen das Heil in Besitz, den sie zusammenraffen,
andere in der Lust, die der Körper des anderen bietet.
Ihr aber sollt wissen: Sein ist mehr als Haben,
und Liebe ist mehr als haben wollen.

Eure Liebe wird zusammenbrechen, wenn jeder nur sich selber sieht, und euer Haus wird ungemütlich sein,
wenn darin nicht eure Phantasie, sondern die Bequemlichkeit herrscht.
Für jeden Tag soll euch Liebe und Phantasie geschenkt sein,
und die Menschen, die euch heute Glück auf eurem Wege wünschen, sie seien euch ein Zeichen dafür,
dass auch euer Gott euch nicht alleine lässt.

Wider die Resignation

Ps 27

Der Herr ist mein Licht und mein Heil

Der Herr ist Aussicht in aller Aussichtslosigkeit; warum soll ich resignieren?
Der Herr ist langer Atem in aller Atemlosigkeit; warum sollte ich aufgeben?
Und steht es tausendmal in jeder Zeitung,
dass Glaube, Kirche keine Zukunft habe,
und sieht es auch so aus, als ob selbst Bischöfe es glaubten,
ich habe keinen Grund, es ihnen nachzureden.
Und sind auch die verbürgerlichten, angepassten Christen die stärksten Argumente gegen mich, sie wiegen nicht auf gegen das eine: Jesus von Nazaret, der lebt und lebendig macht.
Und sind die Verhältnisse so, dass man fragt:
„Warum schweigt Gott zu all der Ungerechtigkeit, die doch zum Himmel schreit?“, dann leihe ich ihm meine Stimme, und man wird hören, dass Gott schreit.

Aber eines brauche ich, und darum bitte ich den Herrn:
eine Handvoll Menschen, die meine Sicht teilen,
die immer wieder zusammenkommen,
versammelt sind in deinem Namen
und erfahren, dass du, Gott, mitten unter uns bist.
Nur so werden wir der Versuchung zur Resignation widerstehen, nur so werden wir das Unmögliche möglich machen:
Friede und Gerechtigkeit;
nur so werden wir Menschen wie jener Jesus aus Nazaret:
bis zum letzten da für den Menschen,
bis zum letzten vertrauend, dass deine Liebe stärker ist als der Tod.

Zwischen den Stühlen

Ps 35

Bitte um Rettung vor falschen Anklägern

Es sieht so aus, als hätte ich mich zwischen die Stühle gesetzt:
Für die einen habe ich Angst, unsere Gesellschaft und
die Rolle der Kirche in ihr kritisch zu analysieren,
für die andern bin ich einer von denen,
die das Werk der Selbstzerstörung in der Kirche betreiben.
Vor den kirchlichen Rechten habe ich keine Angst, denn ihrem Vokabular bin ich gewachsen, wenn auch nicht ihrer Macht.

Aber wie soll ich den jungen Christen, deren kritisches Engagement ich bejahe, ein brauchbarer Begleiter sein?

Was soll ich machen,
wenn die kirchliche Obrigkeit Maßnahmen gegen mich ergreift und meine Freunde sagen, sie hätten es längst schon gewusst, dass in der Institution Kirche keine Möglichkeit für relevante Arbeit sei. Es fällt mir sehr schwer, die Sprache der Hierarchie zu verstehen, aber willst du mich auch denen entfremden, deren Ungeduld und Ungestüm ich verstehe, bei denen vielleicht mehr vom Evangelium ist als in mancher Kirchenkanzlei?

Man sagt, von einer Verwaltung sei noch nie Bewegung
und Inspiration ausgegangen,
aber muss es in deiner Kirche denn auch so sein?
Hast du ihr nicht deinen Heiligen Geist versprochen?
Und kann er nicht auch einmal gegen die Mächtigen sprechen?
Und zählen die gar nicht mit, die wünschen, dass ich im Recht bin? Gib ihnen ein Zeichen, das sie verstehen können, dass sie wieder ehrlich beten können: „Groß ist der Herr!"
Und lass mich deine Gerechtigkeit verkündigen, weil ich sie am eigenen Leibe erfahren habe!

Schwerter zu Pflugscharen

Ps 41

Gebet um Frieden

Was für ein Glück, dass es Menschen gibt,
die die Sehnsucht nach Frieden nicht als schwächlichen Wunschtraum erfahren,
sondern aus ihr leben, gelassen, heiter, ansteckend, mitreißend.
Sie setzen nicht auf dämonische Waffen,
die alles Leben auf Erden bedrohen,
sondern auf Gott, den sie als Gott des Lebens bekennen.
Auch sie kennen Stunden der Verzweiflung,
wenn ganze Völker Phantasie für Krieg,
doch keine Hoffnung auf den Frieden mehr entwickeln.
Aber der Herr lässt sie nicht untergehn in der Verzweiflung,
denn seine Menschenfreundlichkeit,
die Tat wird in so vielen Menschen, lässt sie leben.

Eine deutsche Politikerin kommt nach Hiroshima, weint eine ganze Nacht, fastet drei Tage, weil die Opfer der Bombe sie bewegen, und aus dieser Bewegung lebt ihre Politik; ein kleines Reis Hoffnung fängt an zu grünen.

Amerikanische Christen, patriotisch bis zur Verblendung, fangen an, ihr Land mit den Augen der andern zu sehen, entdecken, dass sie einem nuklearen Abgott Weihrauch streuen, erschrecken über ihren Unglauben und kehren um, gehn an der Spitze der Friedensbewegung; ihre Hoffnung ist nicht mehr einzufrieren.

Junge Menschen in der DDR hören tagtäglich, ununterbrochen: „Der Friede muss bewaffnet sein“; sie fangen an, laut zu denken, und Schwerter werden zu Pflugscharen, siehst du es nicht?!
Daran erkennen wir, dass du an uns Gefallen hast:
wenn wir gemeinsam dem Leben dienen und nicht dem Tod.

Die Kirche kritisch lieben

Ps 43

Sende dein Licht und deine Wahrheit

Herr, wie soll es weitergehen?
Die einen erwarten, dass ich ihren Kinderglauben immer neubestätige,
und wollen jede Woche eine Stunde Erbauung von mir;
die anderen verlangen radikale Sprache und eindeutige Stellungnahmen.
Und die, die es besser wissen müssten,
die den Auftrag haben, die Brüder zu stärken,
sie raten mir zu Klugheit und Vorsicht.

Herr, zeig mir einen Weg zur Quadratur des Kreises,
lass mich an deiner Kirche nicht verzweifeln,
und lass mich nicht alleine stehen,
wenn ich sie kritisch liebe.

Herr, gib mir Menschen,
die sich vor unbequemen Fragen, suchendem Glauben und lautem Zweifel nicht fürchten.
Herr, gib mir Menschen,
die sich dennoch freuen können,
weil du mit uns zu deinem Reich der Freiheit unterwegs bist.

Herr, lass mich nicht misstrauisch und verbittert werden, wenn die, die dich ganz genau zu kennen glauben, mich immer wieder enttäuschen.
Herr, lass mich solidarisch sein nicht nur mit denen, die mir liegen,
doch auch mit denen, die Erbauung suchen,
und auch mit denen, die die Klugheit über alles stellen.
Herr, gib mir Worte, dich zu loben,
die auch für die anderen überzeugend sind.

Ein feste Burg

Ps 46

Gott unsre Burg

„Ein feste Burg ist unser Gott, ein gute Wehr und Waffen", so singt mit Ps 46 das protestantische Bekenntnislied.
Für Generationen von Christen aus reformatorischem Hause war dieses Lied eine gut verständliche Aktualisierung der Heiligen Schrift.
„Der alt böse Feind" war in den Augen vieler die katholische Kirche, die mit „groß Macht und viel List" gegen das Evangelium streitet. Menschen berufen sich auf das Evangelium Jesu Christi und können einander doch nicht als Brüder wiedererkennen.
So kann man im andern die „Welt voll Teufel" sehen, die uns verschlingen will.
Und doch gilt das Wort, das dich bekennt:
„Ein feste Burg ist unser Gott, ein gute Wehr und Waffen."
Aber du verteidigst uns nicht gegeneinander, sondern führst uns zueinander.
Du hast unseren alten Konfessionskriegen ein Ende gesetzt,
die scharfen Messer unserer Argumente,
mit denen wir uns gegenseitig zu Leibe rückten,
hast du uns aus der Hand geschlagen,
die Sticheleien und Gehässigkeiten,
mit denen wir uns gegenseitig verwundeten,
sind ein für allemal verstummt.
„Lasst ab von euren kleinlichen Disputen und erkennt, dass ich Gott bin, jenseits eurer dogmatischen Festlegungen!", das ist dein Wort, wie wir es heute verstehen
Wenn wir versuchen, in Verantwortung gegenüber dem, was Millionen von Christen vor uns teuer war, diesem Ruf zu entsprechen, dann werden wir wieder unbeschwert, aber diesmal gemeinsam, singen können:
„Ein feste Burg ist unser Gott, ein gute Wehr und Waffen."

Gott stiftet Unruhe

Ps 50

Der rechte Gottesdienst

Mitten unter den Menschen wird Gott zum Ereignis,
unser Gott ist gekommen,
in der Sprache der Menschen lässt er sich hören.
Unruhe stiftet er in den Herzen der Menschen;
wo er ist, reißt er die Menschen aus ihrem Schlaf.
Himmel und Erde ruft er zusammen,
weil er Gericht halten will über sein Volk.
„Ruft die zusammen, die ich in der Taufe geheiligt habe,
die in der Feier der Eucharistie den Bund mit mir geschlossen.
Höre, mein Volk, ich will mit dir reden.
Ich, der Herr, bin dein Gott.
Nicht weil du Eucharistie feierst, will ich gegen dich klagen,
sondern weil du es tust, ohne die Konsequenzen daraus zu ziehen,
weil du dich ständig auf Christus berufst,
doch dich nicht kümmerst um seinen Geist.
Die Zehn Gebote weißt du auswendig aufzusagen,
das Wort ‚Gott' geht dir leicht von den Lippen.
Doch wie alle andern lebst du vom Reichtum,
den man der Dritten Welt vorenthält.
Wie alle andern lachst du über den Ehebruch,
den Kino und Illustrierte dir zeigen.
Wie alle anderen verbreitest du Vorurteile,
plapperst nach, was sie alle sagen.
Auch du hast nur Verachtung übrig für die Gammler,
Zigeuner und die Leute vom Gleisdreieck,
und Slumbewohner von Harlem betrachtest du nicht als deine Brüder.
So steht es mit dir, und da meinst du, ich würde schweigen!
Du denkst wohl, ich wäre genauso wie du.
Ich rede dir ins Gewissen,

ich will dein Bewusstsein verändern.
Nicht Äußerlichkeiten ehren mich,
nur wer versucht, mit allen Menschen solidarisch zu sein,
weil alle meine Söhne und Töchter sind,
beginnt etwas von meinem Reiche zu ahnen
und wird sein Kommen erfahren.

Sag ja zu mir, wenn alles nein sagt

2. Uns ist das Heil durch dich gegeben, / denn du warst ganz für andre da. / An dir muss ich mein Leben messen, / doch oft setz ich allein das Maß.

3. Gib mir den Mut, mich selbst zu kennen, / mach mich bereit zu neuem Tun. / Und reiß mich aus den alten Gleisen; / ich glaube, Herr, dann wird es gut.

4. Denn wenn du ja sagst, kann ich leben; / stehst du zu mir, dann kann ich gehn, / dann kann ich neue Lieder singen / und selbst ein Lied für andre sein.

5. Zu viele sehen nur das Böse / und nicht das Gute, das geschieht. / Auch das Geringste, das wir geben, / es zählt bei dir, du machst es groß.

6. Drum ist mein Leben nicht vergeblich, / es kann für andre Hilfe sein. / Ich darf mich meines Lebens freuen / und andren Grund zur Freude sein.

T: Diethard Zils 1971 (nach Ps 51), M: Ignace de Sutter 1959

Wir wundern uns

Ps 62

Zu Gott hin wird still meine Seele

Manchmal wundern wir uns selbst, dass wir noch da sind: Menschen, die in der Sache Kirche noch einen Sinn sehen, Menschen, die noch Fragen an den Verein Kirche stellen und sinnvolle Antworten für möglich halten,
Menschen, die in der Kirche einen Ort möglicher Öffnung nach oben und in die Tiefe sehen,
Menschen, die um Jesu willen die Kirche kritisch lieben.

Ja, manchmal wundern wir uns selbst, dass wir noch da sind, obwohl viele die Kirche für eine alte Tante halten, die nicht im Gestern, sondern im Vorgestern lebt, obwohl viele die Kirche nur noch mit mildem Spott bedenken, obwohl viele die Kirche einfach nicht mehr kratzt.

Ja, manchmal wundern wir uns selbst, dass wir noch da sind,
und dass wir glauben an einen Gott, der befreit,
aus Mutlosigkeit und Resignation,
aus Unsicherheit und Verzweiflung,
aus Einsamkeit und Verlorenheit.
Dir, Gott, singen wir ein verhaltenes Lob.

Die Hoffnung ist noch nicht gestorben Ps 66

Preist unsern Gott

Das große Wunder Gottes: dass sein Name noch nicht untergegangen, die Hoffnung noch nicht gestorben und das Licht noch nicht erloschen ist;

dass seine Nähe geahnt,
seine Hand noch erfahren
und sein Reich noch gesucht wird;

dass noch zum Aufbruch geblasen,
gegen Unterdrückung gekämpft
und die Freiheit noch immer geliebt wird;

dass uns das Wasser bis zum Hals steht
und wir den Kopf nicht verlieren,
dass es uns schwarz wird vor Augen
und wir doch das Morgenrot sehen,
dass unsre Erde brennt im Feuerofen des Fortschritts,
doch das Grün unserer Zuversicht die Flammen löscht.

Jauchzet zu Gott, alle Lande!

Er zerbricht die Welten des Krieges

Ps 76

Der Weltenrichter auf dem Zion

Der Überlieferung Israels verdanken wir den Namen Gottes:
„Ich werde für euch da sein“,
niemals im voraus festzulegen,
in keine Systematik zu zwängen,
menschlich in unserer Mitte,
ein Begleiter auf dem Weg des Schalom.

Der Überlieferung Israels verdanken wir den Namen Gottes:
Gott des Abraham, des Mose, Jesu von Nazaret.
Ruf in Neuland, das sich noch zeigen wird,
Ruf in die ständig bedrohte Freiheit,
Ruf in den Dienst für das Leben der Welt.

Der Überlieferung Israels verdanken wir den Namen Gottes:
Der den Fürsten den Mut nimmt.
Weil Menschen es lernen, den Krieg zu ächten,
weil Menschen es lernen, ungehorsam zu sein,
weil Menschen es lernen, allen Gebeugten auf Erden zu helfen.

Gott setzt sich durch

Ps 78

Gottes Wirken in Israels Geschichte

Christen bekennen sich zu Jesus von Nazaret und seinem Weg des Dienstes an der Welt.
So ist es seit 2.000 Jahren, mit einigen glänzenden Höhepunkten, mit einigen beschämenden Tiefpunkten, mit viel unerfreulicher Durchschnittlichkeit.
Das macht jeden Triumphalismus unmöglich, aber lässt uns die Hoffnung,
dass trotz allem der Geist Jesu bei uns eine Chance hat.

Jahrzehntelang verfolgte die römische Weltmacht
die Gemeinden der Christen,
kaum schlug die Stunde der Freiheit,
wurden sie selbst zu mächtigen Unterdrückern
oder stellten sich auf die Seite derer, die andere unterdrückten.

Ein einfaches, jedem verständliches Zeichen hatte Jesus den Christen gegeben: ein Mahl mit Brot und Wein,
das sie mit ihm und untereinander hätte verbinden können.
Sie aber bemächtigten sich dieses Zeichens,
benutzten und missbrauchten es zu dogmatischen Übungen
und schlugen sich ihre Spitzfindigkeiten um die Ohren.
Und niemand mehr konnte das Zeichen verstehen.

Klare Worte hatte er ihnen als Orientierung gegeben,
Worte voll Freiheit, Leben und Phantasie.
Sie aber hatten Angst vor der Freiheit
und schufen sich tausend kleinliche Vorschriften;
Leben war in ihrer Vorstellung
ein Gehen in ausgetretenen Geleisen und Phantasie wurde immer bei ihnen verdächtigt.

Er stellte ihnen die Erfahrungen eines Volkes zur Verfügung,
das immer wieder aufbrechen musste aus Sklaverei,
Verbannung und Sicherheit.
Sie aber schreckten zurück vor jeder neuen Erfahrung,
ihre heilige Kuh wurde die Tradition,
aber nicht die Tradition beweglicher Nomaden,
nicht die Tradition dessen, der nicht wusste,
wohin er sein Haupt legen sollte,
sondern ihre eigene kleinbürgerliche Gartenlaubenidylle.

Sonntag für Sonntag bekannten sie sich zu Gott,
dem Vater, dem Sohn und dem Geist.
Doch ihr wirklicher Vater war der Kampf um den Wohlstand,
den Sohn, der als Rebell am Kreuze starb,
degradierten sie zum lieben Heiland,
und vom Geist konnte oft überhaupt keine Rede sein,
weil die, die ihn für sich beanspruchten, oft alles taten,
ihn einzudämmen.

Und doch erweckte Gott aus ihren Reihen Freiheitskämpfer,
und doch blieb die Sehnsucht
nach dem einfachen Zeichen von Brot und Wein lebendig,
und doch gab es unter ihnen immer wieder Narren,
Utopisten, Ketzer und Heilige,
und doch schlug immer wieder das nomadische Erbe bei ihnen durch,
und doch ließ sich der Sinn für Brüderlichkeit,
der Wille zum kritischen Engagement,
die Begeisterung für Jesus und seinen Weg nie gänzlich
in ihrer Gemeinschaft unterdrücken.
Und deshalb sind sie doch ein Zeichen Gottes in dieser Welt,
und deshalb dürfen sie doch ein ganz klein wenig sich freuen.

Der Herr erwartet viel

Ps 87

Zion, Mutter aller Völker

Der Herr erwartet viel von einer Kirche,
die die Tradition Israels fortsetzen will.
Die so menschlich und so überzeugend anders ist,
dass jeder durch sie die Einladung Gottes erfährt:
die Einladung, Herrschaft von Menschen über Menschen abzubauen,
die Einladung, Fremdheit zwischen Menschen und Völkern zu überwinden,
die Einladung, Quellen des Lebens freizulegen
für jeden anderen Menschen.

Der Herr erwartet viel von einer Kirche,
die die Tradition Israels fortsetzen will.
Die so bescheiden und so einladend offen ist,
dass jeder von ihr sich hinweisen lässt,
wo der befreiende Gott seinen Menschen eine Offenbarung geben will:
eine Offenbarung im Indianer,
für den die Erde kein Objekt der Ausbeutung ist,
eine Offenbarung in den schwarzen Jugendlichen von Soweto,
die nicht mehr an die Herrschaft des weißen Südafrika glauben können,
eine Offenbarung in den Suchern nach einer Alternative,
die lieber instand besetzen als kaputtbesitzen.

Der Herr erwartet viel von einer Kirche,
die die Tradition Israels fortsetzen will.
Die so voll Hoffnung und so verlockend frei von Herrschaft ist,
dass ihr Friede auf jeden Menschen und alle Völker überströmen kann:

der Friede für Briten und Iren,
die ihre Bomben verschrotten und sich füreinander entscheiden,
der Friede für Polen und Russen,
die vergessen, was war, und neu anfangen, Solidarität zu leben,
der Friede für Türken und Deutsche,
die Mohammed und Jesus als ihre Freunde erfahren
und darum Freude am andern und aneinander erleben.

Du hast uns, Herr, füreinander gemacht,
wir können beieinander zu Hause sein.

Ein Kind ist in den Brunnen gefallen

Ps 88

Klage eines Kranken und Einsamen

Sie haben mich in ein Heim gesteckt,
doch ich fühle mich wie im Gefängnis.
Ihre Anordnungen habe ich nicht anerkannt,
sie isolierten mich, um meinen Widerstand zu brechen.
Stundenlang bin ich ganz allein,
ist denn niemand da, der mich hören will?
Ich sehe keinen Sinn in meinem Leben,
ich habe keine Lust, meinen Mann zu stehen,
ich will mich nicht in ihren lächerlichen Arbeitsprozess
einordnen lassen.
Warum hab ich keinen Vater wie die anderen,
warum bedeutet ein Wort wie Mutter mir nichts?
Wie ist es möglich, dass unter Millionen
keiner wirklich an mich denkt,
warum sagt keiner zu mir: Ich stehe auf deiner Seite?
In einen tiefen Brunnen habt ihr mich fallen lassen,
ihr legt den Deckel drauf, dass ich keine Aussicht mehr habe.
Bin ich denn ganz und gar von Gott und aller Welt verlassen,
hab ich denn keine Chance, keine Rechte?
In diesem sogenannten Heim denkt jeder nur an sich,
ein jeder ist allein mit seinen Fragen,
für die da draußen bin ich abgestempelt,
ein Fürsorgezögling, ein potenzieller Verbrecher.
Ich denke nur an Flucht, nur raus aus diesem Kasten,
doch was wird dann, wohin kann ich mich wenden?
Ich bin nicht so, wie ihr behauptet;
gäb es nur einen einzigen, der anders wäre als die andern.
Herr, zeig mir einen Menschen,
nur einen einzigen, der für mich da ist,
nicht weil ich in den Akten stehe,

nicht weil ich ein verlorener Sohn bin,
nein, weil ich Mensch bin,
weil ich jemand brauche,
es muss doch einer da sein, der mich braucht.
Ich rufe nicht nach Gnade und Erlösung,
ich brauche keinen lieben Heiland, keine Kirche.
Doch einen Menschen möchte ich haben,
bei dem ich zu mir selber käme,
der so bedingungslos auf mich vertraute,
dass ich den Mut fände, mich umzustellen,
dass ich nicht dauernd denken müsste:
Warum hat jener Mann bloß meine Mutter sitzen lassen,
warum hat meine Mutter mir gesagt, dass sie mich nie mehr sehen will?
Warum bin ich in diesem Heim,
und warum glotzen mich die Leute an,
als wäre ich der Satan selber.
Gott, wenn es dich gibt, dann musst du wissen:
Das hält man auf die Dauer doch nicht durch.
Ich habe hier nur Kumpels, die genauso hilflos sind wie ich,
und all die anderen,
Beamte, Richter, Anstaltsleiter,
die braven Bürger, Pfarrer, Sprüchemacher,
die können mir gestohlen bleiben.
Nur einen Menschen brauche ich.
Warum ist dieser Eine nicht zu finden?

(Nach der Fernsehsendung ‚Der Kommissar' vom 6.10.1972.)

Gott ist nicht tot

Ps 92

Wie schön ist es, dem Herrn zu danken

Könnten wir dich, den wir Gott nennen,
wieder lebendig erfahren und nicht nur in
den dürren Formeln von Katechismus und Dogmatik;
könnten wir dich, den wir Gott nennen,
wieder lebendig erfahren,
ohne den Staub von 2.000 Jahren Kirchengeschichte;
könnten wir dich, den wir Gott nennen,
wieder lebendig erfahren,
in Gottesdiensten, die frei sind vom engen Korsett
gesetzlicher Vorschrift;
könnten wir dich, den wir Gott nennen,
wieder lebendig erfahren, es würden nicht so viele sagen:
„Wo ist denn euer Gott? Euer Gott ist tot."
Manche von uns sehnen sich zurück in die Zeit,
da wir noch kindlich-naiv im kirchlichen Gepränge dich sehen
konnten.
Aber diese Naivität ist uns abhanden gekommen
und wird wohl niemals zurückkehren.
Verwirrung herrscht bei vielen von uns,
es fällt ihnen schwer, sich damit abzufinden,
Minderheit zu sein.
Angst herrscht bei vielen von uns,
weil du die selbst gezimmerten Götterbilder endlich zerbrichst.
Wir bitten dich: Hab Mitleid mit deiner Kirche,
die soviel auf einmal lernen soll.

Lass jemanden da sein, der diesen Lernprozess begleitet
im Vertrauen auf die Kraft deiner alten Verheißung,
ohne den ständigen wehmütigen Blick zurück,
der schon Lots Weib erstarren ließ.
Gib uns die Gewissheit: Du bist nicht tot,
bloß weil wir dich nicht mehr definieren können.
Du bist nicht tot, nur weil wir bürgerlichen Christen vergessen,
dass du der bewegliche Gott eines Nomadenvolkes bist,
der sich nicht einfangen lässt
in Stadtmauern und Polizeiverordnungen.
Gib uns die eine Gewissheit:
Du bist Gott, und wir bleiben deine Menschen.

Kommt herbei

2. Er ist Gott, Gott für uns, / er allein ist letzter Halt. / Überall ist er und nirgends, / Höhen, Tiefen, sie sind sein.

3. Ja, er heißt: „Gott für uns"; / wir: „die Menschen, die er liebt". / Darum können wir ihm folgen, / können wir sein Wort verstehn.

4. Wir sind taub, wir sind stumm, / wollen eigne Wege gehn. / Wir erfinden neue Götter / und vertrauen ihnen blind.

5. Dieser Weg führt ins Nichts, / und wir finden nicht das Glück. / graben unsre eignen Gräber, / geben selber uns den Tod.

6. Menschen, kommt, singt dem Herrn, / ruft ihm zu, der uns befreit. / Singend lasst uns vor ihn treten, / mehr als Worte sagt ein Lied.

T: Diethard Zils (nach Ps 95), M: aus Israel

Der „way of life“

Ps 96

Der König und Richter aller Welt

Ihr Völker der Welt,
warum lasst ihr immer nur die alte Leier hören?
Ihr hättet die Möglichkeit, ganz neue Lieder zu singen,
in denen sich nicht Prestige und Hass,
sondern Kommunikation und Schalom zu Wort melden.
Gibt es unter euch nicht kleine Zellen von Christen,
die euch das neue Singen vorgemacht haben?
Oder haben die ihr eigenes Lied vergessen
und eure Kampflieder mitgesungen?
Das wäre Verrat und Grund genug,
solchen Gruppen das Vertrauen zu entziehen.
Aber vielleicht hört ihr doch unser schüchternes Lied,
das Lied einer Christenheit, die ins Konzert dieser Welt
oft genug nicht Thema und Harmonie,
sondern Missklang und Taktlosigkeit brachte.
Trotzdem hier unser Lied:

Die Götter der Völker sind Machwerk von Menschen,
nur Gott hat von sich aus den Blick für das Ganze.
Deutschland ging sich selbst „über alles“,
ging singend über Millionen von Leichen,
aber nur Gott geht über alles und der Mensch,
der sein Bild und Gleichnis ist.

Frankreich träumte von seiner „gloire“,
aber nur Gott kommt „gloire“ zu,
und seine „gloire“ ist der lebende Mensch,
ganz gleich, welchen Volkes er ist.

England wollte das Weltmeer beherrschen,
aber nur Gott ist der Herrscher,
und der steht auf der Seite der Machtlosen.

Amerika preist seinen „way of life“,
aber nur Gott hat einen „way of life“,
der jedem genügend Spielraum gibt,
sich selbst zu finden und zu verwirklichen.

Afrika singt von „uhuru“, von Freiheit,
aber nur Gottes Wort ist grundsätzlich Freiheit für jeden,
und nicht nur für ständig wechselnde Herrschaftsschichten.

Völker der Welt,
singt nicht gegeneinander,
singt im Kanon, im Quodlibet,
als mehrstimmiger Chor oder unisono,
mit oder ohne Orchesterbegleitung,
aber singt zusammen,
nur das ist ein Lied, das Gott gefällt.

Und wenn ihr es singt,
werdet ihr sehen, dass die Welt in einem Gefüge von Sinn gehalten ist,
ihr werdet dem Unnennbaren Namen geben und einander verstehen,
dann strahlt der Himmel und jubelt die Erde,
die Welt wird sich unter euren Augen verwandeln.
Gerechtigkeit und Frieden erhalten die Chance,
auf die sie jahrhundertelang vergeblich gewartet haben:
Die Herrschaft Gottes nimmt ihren Lauf.

Wider die Herrschaft der Unerleuchteten Ps 102

Gebet eines Unglücklichen

Herr, ich wehre mich gegen die Verzweiflung.
Vielleicht ist es ein Wunder, dass ich ihr noch nicht erlegen bin.
Manchmal denke ich,
alles Engagement in dieser deutschen Kirche ist vergeblich.
Ich habe mein Herz daran gehangen,
aber die meisten berührt es nicht.

Manchmal schrei ich laut auf vor Empörung,
oft finde ich keinen Schlaf,
weil mich die Enttäuschung der vielen Enttäuschten rasend macht.
Und immer wieder muss ich niveaulose Hetze verdauen.
Es sieht nur so aus, als hinterließe sie keine Spuren.
Aber mehr als meine eigene Situation bedrückt mich die Lage der Kirche;
es ist Zeit, ihr gnädig zu sein, es ist höchste Zeit.
Denn noch an ihren Trümmern hängt mein Herz,
und ihre Ruinen lassen noch die ursprüngliche Schönheit erkennen.

Will diese Kirche denn mit aller Gewalt
sich selbst zur Bedeutungslosigkeit verdammen?
Will diese Kirche denn wirklich die unmündige Gemeinde?
Will sie wirklich die Herrschaft der Unerleuchteten aufrecht erhalten?
Will sie wirklich die Ansätze zu neuer, dynamischer Wirklichkeit im Keime ersticken?
Will sie wirklich so viele – und nicht die Schlechtesten –
ihrer hauptamtlichen Mitarbeiter ziehen lassen?
Will sie denn wirklich immer den braven Mittelweg gehen?
Will sie denn wirklich auf der Seite der Mächtigen stehen?

Herr, ich bin geneigt, all diese Fragen mit Ja zu beantworten,
aber das wäre schrecklich.
So sag ich: Reiß deine Kirche von ihrer bequemen Fahrstraße
und lass sie wieder den schmalen, steinigen Gebirgspfad gehen,
den Jesus von Nazaret ging,
auf dem man hungert und dürstet nach Gerechtigkeit.

Mögen sie fluchen – du wirst sie segnen Ps 109

Gegen erbarmungslose Feinde

Gott, wir feiern dich in Brot und Wein,
in Messfestivals und Happenings,
in Konfrontationen und Demonstrationen,
in Diskussionen und Meditationen,
in Gesellschaftskritik und Engagement.
Du sprichst zu uns durch Jesus von Nazaret und die Propheten,
durch Martin Luther King und Helder Camara,
durch Papst Johannes und Bruder Roger,
durch Menschen, die bereit sind, ihre eigenen Sicherheiten infrage zu stellen
durch die harte Sprache der Tatsachen.

Aber du musst noch lauter sprechen,
damit dich auch die andern verstehen,
die unsere Feiern nicht mitfeiern wollen,
die dein Wort in unserer Auslegung nicht wiedererkennen.
Ihre Antwort auf unseren Weg ist Misstrauen und Hass.
Während wir versuchen, heute deinen Weg zu gehen,
klagen sie uns an,
während wir versuchen, das Evangelium für unsere Zeit zur Sprache zu bringen,
schreiben sie gehässige Pamphlete gegen uns.

Sie werfen uns einen Bankrott der christlichen Grundsätze vor,
behaupten, wir nähmen hämisch und hemmungslos
am Generalangriff auf die Kirche teil.
In ihren Augen sind wir längst als Häretiker verurteilt,
in unsern Gottesdiensten
sehen sie nichts als Affront gegen Kirche und Papst.

Sie rufen nach der harten Hand der Bischöfe,
die unsere Arbeit unmöglich machen soll.
Für Suchende und Fragende ist in ihrer Kirche kein Platz,
wer ihrer Interpretation von Kirche nicht folgen kann,
der soll sehen, wo er bleibt, nur die kirchliche Ruhe darf er nicht stören.
Wenn wir im Evangelium Antworten auf neue Fragen finden,
dann heißt es, dass wir in ehrfurchtsloser Besserwisserei alles zerreden,
und wenn wir Starre und Unbeweglichkeit nicht für Kennzeichen der Kirche Jesu Christi halten,
beschimpft man uns als eine ehrfurchtslose Schar von Unreifen.
Wer etwa mit uns sympathisieren will, muss wissen,
mit wem er es zu tun hat:
mit Naturalisten, Horizontalisten, Modernisten, Progressisten,
mit Leuten, die kein festes Fundament haben, die das Chaos wollen.
Sie veranstalten Sühnekreuzzüge,
um Gott für unser schändliches Tun Abbitte zu leisten,
und schicken Ergebenheitsadressen an den Heiligen Vater,
der sich nur noch auf sie wirklich verlassen könne.
Sie jammern wegen der notvollen Verwirrung in unsern Gemeinden, aber sie fragen nicht nach den wirklichen Ursachen.
Sie haben ja uns als Schuldige ohne Prozess längst schon verurteilt.
Lautstark berufen sie sich auf Jesus und sein Evangelium,
aber sie wollen nicht auf der Seite der Verlorenen stehen,
den glimmenden Docht wollen sie im Gegensatz zu ihm so schnell wie möglich löschen.
Vielleicht müssen sie einmal hören, dass Jesus zu ihnen sagt:
„Weg von mir, ihr Übeltäter, ich habe euch nie gekannt."

Du aber, Herr, handle an uns nach deinem Namen, der da lautet: „Ich werde für euch da sein" und „Ich werde euch retten".

Denn wir können vor dir auf keine Leistung pochen,
wir können dich nicht schwarz auf weiß nach Hause tragen.
Wir müssen ständig mit Fragen und Konflikten leben
und wissen nie, wie lange wir es durchhalten können.
Noch gehen wir beharrlich unsern Weg,
doch das Gespenst der Resignation begleitet uns.
Hilf uns, Herr,
und zeige, dass deine Liebe tragfähig ist.
Bekenne dich zu uns,
wie du dich einst zu den Propheten bekannt hast!
Mögen sie fluchen, du wirst segnen!
Lass die Kleingläubigen Gläubige werden, die nicht mehr zittern,
und lass uns dann zusammen dein Fest mit Brot und Wein feiern!

Der Mann Gottes

Ps 110

Einsetzung des priesterlichen Königs

Zu einem Menschen hat Gott bedingungslos Ja gesagt,
sein Name: Jesus von Nazaret.
Er war genau so, wie Gott sich den Menschen vorgestellt hatte:
ganz er selbst, und doch ganz für den andern da,
ganz und gar dienend, und doch faszinierend für viele.
Wahrhaft ein Mensch, an dem man ablesen kann,
wie Gott für uns sein will;
wahrhaft ein Mensch, so sehr aus Gott,
dass wir ihn nennen: Gottes Sohn.
Wahrhaft ein Mensch, so sehr auf Gott hin,
dass er immer noch mitreißt auf seinen Weg.
Er hat uns den „lieben Gott" ausgepredigt
und zeigt uns den Gott, der Vater ist,
und gerade darum Gerechtigkeit will,
Ausbeutung als einen Angriff auf sich selbst erlebt
und uns verantwortlich macht für das Leid, das Menschen zugefügt wird.
Er war unter uns ein Hoffender,
er ist unter uns ein Befreiender.

Psalm 120

Ich rief zum Herrn in meiner Not –
mein Land versinkt in der Krise,
das Volk hat den Glauben an die Zukunft verloren.
Wird Gott meinen Notruf hören?

DU, rette unser Leben vor den Verleumdern
und ihrer zweideutigen und lügnerischen Zunge!
Was können wir tun,
was ihnen entgegensetzen?
Entschiedenen Einsatz für die Freiheit des Wortes
in allen Medien,
für ein ehrliches Bemühen sich gemeinsam
allen Aspekten der blutigen Vergangenheit
unseres Landes zu stellen.
Weh mir, dass ich im eigenen Land
als Fremder leben muss
inmitten einer Menge
von Nutznießern ererbter Privilegien,
die alles tun, ihre Maßgeblichkeit zu verewigen.
Ich muss schon allzu lang wohnen bei Leuten,
denen Friede nichts anderes bedeutet,
als alles und jedes ihrer Sichtweise zu unterwerfen.
Ich verhalte mich friedlich,
doch ich brauche nur zu reden, ist das für sie schon Krieg.

Menschen zerschneiden den Stacheldraht Ps 126

Die mit Tränen säen, werden mit Jubel ernten

I have a dream:
Berlin und Warschau sind Schwesterstädte;
Gdansk oder Danzig, Bydgoszcz oder Bromberg,
Pomorze oder Pommern, niemanden regt es noch auf.
Polen und Deutsche zerschnitten den Stacheldraht,
der sie trennte,
bauten Brücken über scheinbar unüberbrückbare Flüsse.
Sie sangen gemeinsam von Einigkeit und Recht und Freiheit für das deutsche Vaterland,
und „Jeszcze Polska nie zgineła" wurde in Deutschland ein Hit.
Fasziniert starrten die Völker auf dieses unerwartete Schauspiel,
wurden mitgerissen auf Wege, die sie vorher nicht gehen wollten, in einem freien Angola wurden Portugiesen zu gern gesehenen Gästen, katholische Iren und protestantische Schotten vergaßen Jahrhunderte voller Hass und Grausamkeit,
kastilische Spanier wurden zu Vorkämpfern der katalanischen Sprache, und das Wort ‚Apartheid' wurde aus den Lexika aller Völker gestrichen. Ja, Großes hat der Herr an uns getan,
denn er hat uns einen Traum gegeben, der uns nie mehr in Ruhe lässt. Wir können und dürfen nicht mehr vergessen, wie viel Tränen geflossen sind, wie viel Menschen zertreten wurden,
wie viel Ungeheuerliches geschah.
Aber wir halten fest an dem Traum:
gemeinsam singen wir unsere Lieder,
Jadwiga und Hedwig, Johann und Jan.
Gemeinsam bauen wir Brücken und Straßen
von Zgorzelec nach Görlitz und von Lipsk nach Thorn,
in Tschenstochau singen sie: „Lobe den Herren"
und ‚Serdeczna matko' im Kölner Dom.

Die Liebe weist über sich hinaus

Ps 128

Haussegen

Glücklich ist der, der bei all seinem Tun mit Gott rechnet,
der nicht vorgibt, den anderen zu lieben,
wenn er nur sich selber meint.
Vielleicht wird er es nie zum Reichtum eines Onassis bringen,
doch sein Leben kann erfüllter sein als das der Prominenz
von Hollywood.

Er wird die Ehe nicht als ein Aufeinandertreffen zweier
Egoismen sehen,
er weiß, dass wahre Liebe über sich hinausweist und Gestalt
gewinnt in neuem Leben.
Kinder sieht er nicht als Last und Hemmschuh an,
in ihnen ist Gott selbst in seinem Leben sichtbar gegenwärtig.

Zwar wird ihm diese Sicht des Lebens
nicht gerade leicht gemacht,
doch Gott gibt ihm die Möglichkeit,
sich nach der Liebe Jesu Christi auszurichten.

Wenn er so lebt, zeigt er auch seinen Kindern
einen Weg zum Leben,
sein Leben wird für viele von Bedeutung sein.

Ich kenne meine Grenzen

Ps 131

Stille in Gott

Ich bilde mir nicht ein,
dass ich die Lösung der Weltprobleme kenne,
ich glaube nicht, dass alle ausgerechnet
auf meine Wenigkeit gewartet haben.

Ich weiß, dass all mein Reden über Vietnam und die dritte Welt
mich nicht entschuldigt, wenn ich hier in meinem Alltag
unausstehlich bin.

Ich kenne meine Grenzen, Herr,
doch werd ich mich mit bürgerlicher Gartenzwergidylle
nie abfinden.
Ich suche dich, den Gott, der alles neu macht,
und darum weiß ich, dass auch ich Details
aus deinem Weltentwurf realisieren kann.
Was aus der Liebe kommt, geht nicht verloren,
die Hoffnung gibst du mir,
und diese Hoffnung macht mich stark.

Wo Menschen über Menschen herrschen Ps 133

Brüder in Eintracht

In einer Welt, wo Menschen über Menschen herrschen,
wo viele ohne unfehlbares Über-Ich nicht leben können,
wo Hunderttausende sich von der Mode und der Werbung
fröhlich dirigieren lassen,
wo Rentner sterben, und die Nachbarn merken es erst Wochen
später,
da ist es eine Wohltat, Menschen anzutreffen,
die fest entschlossen sind zu herrschaftsfreier Bruderschaft.

Sie sind der Zebrastreifen,
auf dem man im Gewühl der Großstadt sicher ist,
sie sind die Zigarettenpause
mitten in der Hektik.
Sie sind die Bibel,
die uns Gottes Plan mit dieser Welt erahnen lässt,
und ihre Hoffnung, scheinbar wider alle Hoffnung,
kann auch für uns der Anlass sein,
mit dieser Welt, so wie sie faktisch ist, sich niemals abzufinden.

Lasst euch nicht entmutigen

Ps 134

Lob in der Nacht

Ihr Priester, die ihr von einer neuen Kirche träumt,
lasst euch nicht entmutigen.
Tragt die Last eures Amtes,
auch wenn ihr in der Stimme eurer Auftraggeber nicht
mehr die eine Stimme des einen Herrn erkennt.
Haltet aus im Amt,
denn viele haben deshalb ihre Hoffnung noch nicht aufgegeben,
weil es euch in dieser Kirche gibt.
Hofft weiter mit ihnen,
brecht weiter für sie das Brot der Solidarität,
glaubt weiter mit ihnen,
dass Gott, der Himmel und Erde geschaffen hat,
auch einen neuen Himmel und eine neue Erde schaffen wird,
und dass er am Geschehen dieser Schöpfung auch
seine alte Kirche,
eure und unsere,
beteiligen will.

Psalm 137

In unseren Wohnzimmern, da saßen wir
an den Fernsehgeräten
und freuten uns auf einen gemütlichen Abend.
Wir hatten ein Bier aus dem Kühlschrank geholt,
und das Salzgebäck war in Reichweite.
Aber dann sahen wir die Bilder aus dem Sudan,
die Kinder mit ihren Hungerbäuchen
und die verstümmelten Leichen der kroatischen Gardisten
aus Borovo Selo und Petrinja.
Einige von uns wechselten schnell auf das andere Programm
und wurden entschädigt mit flotter Unterhaltungsmusik.
Wir aber stellten uns den Bildern
und kämpften gegen den Unglauben
und rangen mit der Hilflosigkeit,
wehrten uns gegen die Gleichgültigkeit,
die unser Herz belagerten.
Wenn wir dich je vergessen, Vision des Friedens,
die du gelebt hast, Bruder Jesus,
dann lass uns immer unzufrieden sein.
Erhalte uns ein kleines Fünkchen Ahnung
von einer bessren Welt.
Und sollten jemals wir vergessen,
dass du Brot bist für das Leben der Welt
und Wein für die Freude aller Menschen,
wenn je wir auf den Gedanken kämen,
in Ruhe unser kleines Glück zu feiern,
abgeschottet von den Tränen der Hungernden,
unerreichbar für die Botschaft der Opfer,
dann lass uns das Wort vom Glauben an Gott
im Halse stecken bleiben,
erhalte in uns einen letzten Atemzug von deinem Geist,
der uns und das Antlitz der Erde verwandle.

Ich erwarte von dir keine Wunder

Ps 143

Ich breite nach dir meine Hände aus

Herr, heute komme ich, mich einfach vor dir auszusprechen,
einfach vor dir meine Gedanken zu ordnen.
Denn kompliziert genug ist die Sache.
Ich erkenne deutlich, dass wir in einer Gesellschaft leben,
die tausendfaches Unrecht produziert,
ich sehe keinen Weg, dieses Unrechtssystem zu beseitigen,
ich kann es nicht mal verhindern,
dass ich selbst tausendmal täglich von diesem System profitiere.
Ich sehe die Millionen Menschen, die guten Gewissens an der Erhaltung dieses Systems mitarbeiten,
ich sehe die Unmöglichkeit,
auch nur wenigen von ihnen die Augen zu öffnen,
ich sehe die Resignation,
die sich mehr und mehr der ehemals kritischen jungen Leute bemächtigt.
Ich erwarte von dir keine Wunderdinge,
nur dieses eine:
genügend Impulse aus deinem Wort,
dass ich die Widersprüche unserer Gesellschaft
immer als Stachel in meinem Fleische erfahre,
dass ich nicht müde werde,
nach systemüberwindenden Auswegen zu suchen,
dass ich dem Wunsch nach Bequemlichkeit niemals nachgebe,
und dass ich andere dazu inspirieren kann,
mit mir unterwegs zu sein.

Markusevangelium

Eine gute Nachricht nimmt ihren Lauf

Gott mitten unter den Menschen (1,1-3)

Das Ende ist absehbar.
Schlechte Nachricht von allen Seiten.
Aber Menschen hoffen trotz allem auf gute Nachricht.
Trauen der Welt einen neuen Anfang zu.
In dieser Hoffnung, mit diesem Vertrauen lesen sie die Schriften der alten Propheten, und deuten sie die Zeichen der Zeit.
So erkennen sie in Jesus den Christus Gottes,
erleben den Täufer Johannes als Herold,
der in der Wüste bekannt macht, was uns bevorsteht:
Eine ganze Menschheit auf dem Weg mit Gott,
aus Heimatlosigkeit und Unterdrückung,
durch scheinbar weglose Wildnis,
allen Schwierigkeiten zum Trotz,
findet das Land von Schwesterlichkeit und Brüderlichkeit
und Gott mitten unter den Menschen.

Ein Prophet in der Wüste (1,4-8)

Die Menschen spüren, wie weit sie noch von diesem Land entfernt sind.
Sie, die Herrschaft von Menschen über Menschen
für selbstverständlich halten,
sie, mit ihrer Unfähigkeit zu teilen,
sie, dem andern, der andern eher Wolf
als Bruder und Schwester.
Aber sie stellen sich der traurigen Wirklichkeit,
lassen sich treffen, als einer von ihnen aussteigt,

den Wohlstand fallen lässt,
die harte Wahrheit sagt
und schmerzliche Konsequenzen fordert.
Sie strömen hinaus in die Wüste zu Johannes, gestehen ihm und sich, was mit ihnen los ist, und sind bereit, einen neuen Weg zu versuchen.
Johannes macht ihnen Mut, sich durch ein Zeichen zu binden.
Sie steigen zu ihm in den Jordan,
lassen sich von ihm untertauchen.
All ihre Belastungen und Verwundungen,
ihre Verkehrtheit und Sünde sollen untergehen in der Flut,
und sie tauchen empor
voll Hoffnung auf Heil und Leben von Gott her.

Offener Himmel (1,9-11)

Einer, dem das Unheil in der Welt keine Ruhe lässt,
ist Jesus aus Nazaret.
Aus dem fernen Galiläa ist er gekommen,
um vor dem Täufer seine Sehnsucht nach Heil für alle zu bekennen.
Als einer von vielen lässt er sich von Johannes untertauchen;
und als er auftaucht aus der Flut,
macht er blitzartig eine Erfahrung,
die ihn von allen unterscheidet:
Der Himmel öffnet sich über ihm,
Geist Gottes kommt auf ihn herab,
eine Vision von der Gegenwart Gottes,
mit menschlichen Worten keinem anderen mitzuteilen.
Und deutlich für ihn die Stimme:
Was dich bewegt, was in dir lebt, was dich unbedingt angeht,
ist Licht vom Licht, Gottes eigener Traum, Gott mit den Menschen;

wer Sinn sucht, Leben, das gelingt,
eine Hand, die nicht fallen lässt,
kann an dir nicht vorbeigehn.
Denn Gott erkennt sich wieder in dir.

Vierzig Tage in der Wüste (1,12-13)

Was seit Jahrhunderten Glaubensverständnis des Volkes Israel war, soll ablesbar sein an ihm, Jesus aus Nazaret.
Womit dieses Volk überfordert war, das sollte er leben, er ganz allein, liebenswürdig und unwiderstehlich,
fleischgewordene Gestalt der Zukunft, die Johannes predigte.
Erkenntnis, die staunen macht und lähmen kann,
Anspruch – zu hoch, als dass ein Mensch ihn auch nur denken könnte, Erfahrung, die überwältigt.
Sie reißt ihn aus allen Selbstverständlichkeiten.
Sie treibt ihn in die Wüste.
Am eigenen Leib vollzieht er das Schicksal des Volkes nach.
Seine Zweifel, seine Kämpfe, das immer angefochtene Vertrauen auf Gott. Vierzig Tage lang Versuchung, doch so zu leben wie alle.
Vierzig Tage Einübung eines ganz anderen Lebens.
Vierzig Tage Erfahrung, dass Gott für ihn da ist.

II

Brechen und Teilen

Eucharistische (Hoch-)Gebete

Annäherung

Betend nähern
wir uns an
dem, der Leere
füllen kann,
der in Brot und
Wein Versteck und
Nähe sich
ersann.

Jesus, DU, ein
Bissen Brot,
Wein in unsrer
Wüstennot,
Jesus, Über-
schuss an Leben –
chancenlos
der Tod.

Die durch Höllen-
feuer gehn,
kühle deines
Geistes Wehn,
und von jedem
Totenbette
lass sie
auferstehn.

(Nach einem tschechischen Choral.)

Einladung zum Glaubensbekenntnis

Wir sind eingeladen
glaubend uns anzuvertrauen dem Geheimnis
das Menschen aller Zeiten und Zonen
Gott Vater des Lichts
Schöpfer des Himmels und der Erde nannten:

Mache dich auf und werde Licht,
denn dein Licht kommt!

Wir sind eingeladen
glaubend uns anzuvertrauen dem Geheimnis
das Menschen in „der Zeiten Fülle“
aufleuchten sahen
in Jesus von Nazaret:

Mache dich auf und werde Licht,
denn dein Licht kommt!

Wir sind eingeladen
glaubend uns anzuvertrauen dem Geheimnis
das Menschen aller Zeiten und Zonen
in sich verspürten als Lichtes Quell
als heiligen Geist als die „Ruach Elohim“

Mache dich auf und werde Licht,
denn dein Licht kommt!

Mein Confiteor

Deiner Lust am Leben verdanke ich mein Leben,
DU mein Gott und Vater und mütterlich mir zugetan,
vor dir muss ich mich nicht schamhaft verbiegen,
und auch ihr meine Schwestern und Brüder
dürft es ruhig wissen:
Aus Bequemlichkeit habe ich viel Gutes,
das ich eigentlich tun wollte, nicht getan,
und daraus ist viel Ungutes entstanden,
an manchem Leid, das gelitten wurde,
bin ich ursächlich beteiligt.
Unnütze und verletzende Worte,
vergiftete Gedanken und unbedachte Taten meinerseits
haben ihren Beitrag zum Wuchern des Bösen in der Welt
geleistet.
Schuldig geworden bin ich mit den schuldig Gewordenen
und gemessen an den Gaben, die Gott mir zugedacht hat,
kann ich meine Mitverantwortung nicht schönreden.
Darum bitte ich Marjam,
meine kleine große Schwester aus Israel,
die himmlischen Boten,
durch die Gott uns immer wieder anspricht,
die Heiligen, die sich schon
der unverbrüchlichen Treue Gottes sicher sein dürfen,
und euch alle, meine Brüder und Schwestern auf Erden,
für mich zu beten bei Gott,
dass er trotz allem weiter Lust hat
an meinem und allem menschlichem Leben.

Predigtlied

Dass wir der Welt mit
Freundlichkeit begegnen,
dass sie zu Dank und
Lobpreis uns bewege,
lass uns in allem
Deine Nähe ahnen
und Heimat finden.

Dass Du in unsern
Herzen Licht entzündest,
das uns den Weg weist,
den wir andern zeigen,
lass uns mit allen
Gliedern Deines Volkes
Dein Licht erfahren.

Lass uns in Deiner
Gegenwart verweilen,
heute und immer
uns an Dir erfreuen
und Dein Geheimnis
lieben, feiern, leben.
Du, Gott der Freude.

Glauben –
ein Tätigkeitswort, das den Dativ sucht

Dem Lahmen Flügel geben
und neue Lieder singen
und Leben filtern
aus Angst und Tod

Die Finsternis bestehen
der Nacht
ein Lied entlocken
der Wüste pflanzen
den Hoffungsbaum

Dem Feinde
sich entfeinden
den Leu, den Wolf umarmen
dem Druck der Herr-
schenden widerstehn

Der Stille Raum gewähren
der eignen Tiefe trauen
und wissen:
Alles ist uns geschenkt!

Dem Knecht
die Sohnschaft glauben
in Brot und Wein
ihn feiern
und allen Menschen
ein Segen sein

Dem Frieden
Brücken bauen
Worte des Lebens sagen
von jedem Totenbett
auferstehn

Wir preisen deinen Tod

T: Christine Gaud, deutsch: Diethard Zils, M: Michel Wackenheim

Segen

Segen den Augen,
dass sie sehn,
Segen dem Gast
und dem Wirt,
Segen dem Dach,
das zum Obdach wird,
Segen der offenen Tür.

Segen dem Fuß,
der zu Hilfe eilt,
Segen dem Wort,
das befreit,
Segen der Hand,
die teilt und heilt,
Segen dem Fest,
das uns eint.

Segen dem Brot,
das wir geteilt,
Segen dem Wein,
der sich schenkt,
Segen dem Tanz,
der Mauern schleift:
Baruch atha
Adonai.

Die Hymnen oder Hymnenstrophen mit den Anfangszeilen Adoro te, Pange lingua und Tantum ergo wurden mit allergrößter Wahrscheinlichkeit von Thomas v. Aquin für das damals neu eingeführte Fronleichnamsfest verfasst. Sie werden bis heute noch gerne im lateinischen Originaltext gesungen und von Komponisten in Ton gesetzt. Es gibt auch viele Übersetzungen in moderne Sprachen. Für mich waren sie Anlass zu „Verheutigungen", die die alten Texte natürlich nicht verdrängen oder ersetzen sollen, aber doch ein zusätzliches neues Licht auf das Geheimnis der Eucharistie werfen können. Sie lassen sich auf die alten, aber auch auf neu komponierte Melodien aus den verschiedensten Ländern singen.

Adoro te

Stimme, kaum zu hören,
lass dich auf mich ein.
Lehr mich deine Zeichen:
Brot, geteilt, und Wein.
Wort, mir eingeboren,
Wort, DU, mir voraus,
Wort, so unzugänglich
und doch mein Zuhaus.

Maß und Zahl und Logik
sind zu wenig hier,
doch ein stetes Ahnen
lebt und webt in mir,
da ist Wort und Antwort,
Sinn, der mir geschieht,
da schenkt sich Begegnung –
bete an, mein Lied.

Foltertod am Kreuze –
Sonnenfinsternis.
Auferstehn im Brote –
mehr als ungewiss.
Doch es trägt im Zweifel
mich die wunde Hand,
seiner zu gedenken
in des Vaters Land.

Was die Jünger umtrieb,
Thomas widerfuhr,
weiß ich nicht, doch geh ich
treu in ihrer Spur,
dass in ihrer Schule
Kleines werde groß,
dass ich glaube, hoffe,
liebe – grenzenlos.

Lebendes Gedenken
an des Christus Tod,
Brot, das Leben rettet
in der Hungersnot,
meine Wanderschritte
lass gesegnet sein,
lass dein Leben prägen
mich in Brot und Wein.

Mütterlich und bergend
bist du für mich da,
leidenschaftlich liebend
bist du mir ganz nah,
hingegeben allem,
was da lebt und webt,
Leben, das aus Argem
uns ins Licht erhebt.

Jesus, nur in Zeichen
lässt du mich dich sehn,
doch was ich ersehne,
lass es mir geschehn,
dass ganz ohne Hülle
einst dein Angesicht
mir die Augen öffnet
für das wahre Licht.

Pange lingua

Lied von dem
der sich verausgab
Laib geworden
gut wie Brot
der mit seinem Blut
sich einschenkt
in den leeren
Becher Welt
Frucht der Erde
Sohn der Menschen
Wort erhört
in Israel

Wort von Gott her
eingefallen
eingesenkt
in Mutterschoß
anvertraut und
ausgetragen
in Begegnung
und Konflikt
was zu Ende scheint
geht weiter
Macht der Zeichen
Brot und Wein

Fest im Angesicht
des Todes
aufgetischt und
eingeschenkt
Heimat leben
im Gedächtnis
der zwölf
Stämme Israels
Geist erflehn
und sich verschenken
Exodus und
Völkermahl

Eine Stimme
allerorten
allezeit
ruft in den Kreis
nachzugehn
der Menschen Wege
Adam Chavva
und Marjam
und das Völkerfest
zu feiern
Gott in Jesus
Brot und Wein

Gott der Klang ist
und Begegnung
spricht sich aus
im Urknallwort
lebt versteckt
im Weltgeschehen
lässt sich sehn
in einem Knecht
der von SEINEM
Geist begeistert
mit uns singt
das neue Lied

Brot den Armen
vorenthalten
lässt ersticken
bläht uns auf
Brot gehüllt
in Psalm und Segen
Gott mit uns Immanuel
Wein der Zecher
will versklaven
Wein der Betenden
befreit

Tantum ergo

Aus der Tiefe Wort und Zeichen
Labsal uns für Herz und Mund
Menschenmachwerk kann nicht reichen
bis in solcher Tiefe Grund
Rechnen, Zahl und Maß muss weichen
einem unverhofften Bund

Gott – er spricht sich aus im Worte
liebt sein Wort und wird geliebt
und die Liebe ist die Pforte
durch die Heil an uns geschieht
Jederzeit an jedem Orte
bete Gott an, du mein Lied

Nach dem Abendmahl

Wie konnte es geschehen
nach solchem Abendmahl,
wie konnte Streit entstehen
im österlichen Saal?

Ein jeder wollte glänzen
als Nummer Eins im Reich,
sie stießen schnell an Grenzen
und fielen tief zugleich.

Doch Jesu Reich und Lehre
ist nicht von dieser Welt,
die Reichtum, Macht und Ehre
für letzte Ziele hält.

In seiner Tafelrunde
ist für den Armen Platz,
er zeige seine Wunde,
sie ist sein größter Schatz.

Das Brot, das wir hier teilen,
es reicht für alle aus,
der Wein kann Wunden heilen –
so finden wir nach Haus.

Wir werden selber Brot sein,
das sich den andern bricht,
und schenken uns als Wein ein
und werden Licht vom Licht.

Ad-oratio

Entmündigte wir
nähern uns an dem Mundtotgemachten
Mund-zu-Mund-Beatmung
schenkt Mundart des Segnens ein

Die vollmundig Ihm
das Wort aus dem Mund nahmen
müssen kleinlaut verstummen
da sein Atem in unser Schweigen mündet
und wir uns den Mund vollnehmen
mit Freiheit

Zwei oder drei in deinem Namen

Zwei oder drei,
das ist nicht viel,
bestimmt nicht,
wenn der eine blind,
der andere taub
und ein Dritter
lahm ist.

Zwei oder drei,
das ist unendlich mehr
als einer allein,
bestimmt, wenn
der eine blind,
der andere taub
und ein Dritter lahm ist.

Denn der Blinde
wird das Ohr
für den Tauben,
und der Taube
wird das Auge
für den Blinden,
und gemeinsam tragen
sie den Lahmen,
und so gehn sie alle drei,
wohin einer allein
nicht kommen kann.

„Zwei oder drei
in meinem Namen“,
das ist Gottes
Hoffnung
für die Kinder
der Menschen,
und überall,
wo Menschen,
zu zweit oder dritt,
ihre Stärke
miteinander teilen
und ihre Schwäche
gegenseitig tragen,
da ist Gott
in ihrer Mitte.

Zu zweit oder dritt
traust du dir
das Wunder zu:
Steine
werden
zu Brot,
Brot wird zum Leib,
Wasser
wandelt sich
zu Wein,
Wein wird zum
Herzblut einer
neuen Welt.

Zwei oder drei,
die miteinander
das Brot
teilen wollen,

lassen wiederaufleben
den Hunger
nach Gerechtigkeit.

Zwei oder drei,
die den Kelch erheben
auf eine Zukunft mit allen,
halten lebendig
den Durst nach Frieden.

Und sie brauchen dazu
das Fest, das zu jubeln
versteht, noch im
Angesicht des Todes.

Und sie brauchen dazu
das Gebet,
das Gott preist,
ohne die Angst
zu verschweigen.

Und sie brauchen dazu
das Spiel
mit Sprachen und Tönen,
ohne den Ernst
der Lage zu verleugnen.

Und sie brauchen dazu
die Phantasie
liebender Herzen,
ohne den Beitrag derer
vor uns zu vergessen.

Und sie brauchen dazu
die ganze Weite
von Gottes Ökumene:
die jüdischen Wurzeln,
die römische
Hartnäckigkeit,
die Tradition
der Orthodoxen,
die Nüchternheit
der Reformierten,
das Gemüt
der Lutheraner,
die Glut
der Freikirchlichen,
die Zweifel
der Angefochtenen,
die Fragen,
die aufkommen
mitten im Wohlstand,
den Intellekt
der Theologen,
die Unbekümmertheit
der Jugend und
die Erfahrung der Alten.

Versöhnung

Menschenfreundlicher Gott,
voll Freude stimmen wir heute ein
in den uralten Lobgesang
der Kirchen Georgiens und Armeniens,
verbinden unsere Lieder und Gebete
mit den Chören der Gläubigen in Moskau
und Kiew,
wir danken dir mit unseren Brüdern und Schwestern in Estland,
Lettland und Litauen,
wir neigen uns vor deiner Größe
mit all den vielen kleinen Menschen
in den Weiten Russlands,
in den Dörfern und Städten der großen
Sowjetunion.

Tief waren wir gefallen,
da Krieg und Verbrechen von unserem Land
ihren Ausgang nahmen, und Mauern wuchsen
zwischen Mensch und Mensch,
zwischen Volk und Volk;
jetzt erleben wir voll Staunen,
wie diese Mauern bröckeln
und eine gemeinsame Sehnsucht die alten
Feindbilder zum Schmelzen bringt.
Wir wandeln uns durch ein neues Denken –
Perestroika,
wir erkennen einander als Schwestern und Brüder – Glasnost,
wir bauen miteinander unser gemeinsames Haus – Europa.

Dein Werk ist es, du
menschenfreundlicher Gott,
wenn der Wille zum Frieden den Streit beendet,

Verzeihung den Hass überwindet
und Rache der Vergebung weicht.
Für dies alles danken wir dir,
deinem Sohn, unserm Bruder Jesus,
dem Christus, und deinem Heiligen Geist.
Wir danken dir für jede Wohltat,
die in den Zeiten des Hasses
Menschen von Menschen erfuhren,
über alle Grenzen hinweg,
wir danken dir für jeden Weg,
den schon damals Menschen bahnten
von Ost nach West und von West nach Ost.

Wir sagen dir auch Dank für diese Stunde des Gebetes,
das du annimmst,
obwohl es dich in der Sprache erreicht,
die so lange dem Verbrechen gedient hat.

Wir danken dir für die Gemeinschaft des
Himmels und der Erde,
die du uns eröffnest,
und stimmen ein in den Lobgesang der
Himmel:

Kehrvers:
Heilig, heilig, heilig, unser Gott

Dies Loblied machen wir uns zu eigen,
menschenfreundlicher Gott, und sprechen:
Heilig bist du,
und darum willst du deine
Menschenfamilie
ganz und ungeteilt und heil.

Heilig ist dein Sohn, unser Bruder,
und darum sind ihm heilig
seine kleinen Schwestern und Brüder.
Heilig dein Heiliger Geist,
der alle unheiligen Geister vertreibt.
So sehr hast du die Welt geliebt,
dass du deinen eingeborenen Sohn dahingabst,
damit niemand, der an ihn glaubt, verloren gehe,
sondern das ewige Leben habe.
Er hat den Weg zu uns gefunden,
damit wir zu dir und zueinander finden.

Gedächtnis des Abendmahls

Eingedenk dieses Auftrags
und all dessen, was uns geschehen ist:
des Kreuzes von Golgota und all der
vielen Kreuze dieser Welt, des Grabes
in Jerusalem, das ihn nicht festhielt,
und all der Gräber in den Weiten
zwischen Rhein und Wolga,
der Auferstehung am dritten Tag und aller
Hoffnung, die sie weckte,
des Himmels, den sie an die gequälte
Erde band,
der Zukunft, der wir entgegengehen,
Hand in Hand in versöhnter Verschiedenheit,
bringen wir vor dein Angesicht
das Deinige von dem Deinigen in allem
und für alles.

Wir rufen dich an und bitten dich:
Sende herab deinen Heiligen Geist auf uns
und auf diese Gaben von Brot und Wein,

und lass deinen Christus in diesen Zeichen
lebendige Wirklichkeit werden mitten
unter uns.

Er mache unsere Herzen weit,
dass darin Platz ist für alle Menschen
guten Willens,
für die Kirchen und die in ihnen
Verantwortung tragen, hier und dort,
für die Männer und Frauen in politischen
Ämtern und Gremien,
dass unsere Sehnsucht nach Frieden sie
inspiriert,
den Durchbruch zum Frieden zu wagen,
für alle, die Opfer wurden unserer
nationalen Verblendung,
unserer politischen Ideologien und
unseres fehlenden Mutes.
Und lass uns einmütig mit
Herz und Mund
deinen Namen preisen und besingen,
Vater, Sohn und Heiliger Geist
jetzt und in Ewigkeit.
Amen.

Frieden und Versöhnung

In Wahrheit ist es würdig und recht,
dir, verborgener Gott, immer und überall
und auch heute, Dank zu sagen.
Du hast mit dem Wunder des neuen Menschen,
der in Jesus Christus unter uns erschien, die alte
Zeit beendet und eine neue Zeit heraufgeführt.
Du hast eine Zeit des Friedens ausrufen lassen,
eine Zeit des Erbarmens mit allen.
Und darum preisen wir dich mit
allen guten Mächten in dieser Welt,
mit allen Menschen guten Willens,
die vom Geist deines Sohnes erfüllt sind,
und rufen voll Freude:

Kehrvers:
Heilig, heilig, heilig …

Wir bitten dich, gütiger Gott,
Vater unseres Herrn Jesus Christus,
wir rufen zu dir, durch ihn, der dein Sohn
und unser Bruder ist:
Mach dieses Brot und diesen Wein
zu einem heiligen Zeichen,
dass sie der ganzen Kirche zugute kommen,
leite deine Kirche, Herr,
unser Gott, sei unser Hirte,
bring uns aus allen Himmelsrichtungen
zusammen und gib uns deinen Frieden.
Darum bitten wir dich in Gemeinschaft mit allen,
die in der Glaubensgemeinde Verantwortung tragen:

In Gemeinschaft auch mit all denen,
die aufrichtig und treu
dein Wort bewahren und den Glauben deiner
Apostel überall in der Welt bekennen.

Ruf dir in Erinnerung, Herr,
die Namen aller, die zu dir gehören …
und die Namen all derer, die hier vor dir stehen.
Du kennst ihren Glauben, du weißt,
dass sie dir dienen wollen.
Im Namen all derer, die dir ihre Anbetung
und Dankbarkeit bringen, bitten wir dich:
Erhalte sie im Leben, denn auf dich hoffen sie,
befreie ihr Herz und lass sie heilig sein,
du, ewiger und wahrhaftiger, lebendiger Gott.

Wir preisen dich und beten dich an,
unterwegs als dein Volk;
sei unsere Zuflucht, wo wir auch sind,
sei unsere Kraft in aller Not.
Nimm diese Gaben von uns an, Herr, unser Gott,
in denen wir uns selbst dir schenken,
wir sind mit allen, die an dich glauben, dein Volk,
dein Eigentum,
bestimme du unsern Weg
und führe uns Tag für Tag
in Richtung auf deinen Frieden;
nimm dieses Brot und diesen Kelch aus
unseren Händen an, Herr, unser Gott,
dass sie für uns zum Leib und Blut Jesu Christi,
deines geliebten Sohnes, werden.

Am Abend vor seinem Leiden und Tod
nahm er das Brot in seine Hände,
erhob die Augen zum Himmel zu dir,
seinem Vater, dem allmächtigen Gott,
sprach unter Dank und Lobpreis den Segen,
brach das Brot und reichte es seinen Jüngern
mit den Worten:
Nehmt und esst alle davon:
Das ist mein Leib, der für euch hingegeben wird.
Ebenso nahm er nach dem Mahle
auch den Kelch in seine Hände,
sprach unter Dank und Lobpreis den Segen
und reichte den Kelch
seinen Jüngern mit den Worten:
Nehmt und trinkt alle daraus:
Das ist der Kelch des neuen und ewigen Bundes,
mein Blut, das für euch und für alle vergossen
wird zur Vergebung der Sünden.
Tut dies zu meinem Gedächtnis.

Deinen Tod, o Herr, verkünden wir,
und deine Auferstehung preisen wir,
bis du kommst in Herrlichkeit.

Darum gedenken wir, Herr, des Leidens
und des Todes Jesu Christi, deines Sohnes,
wir feiern seine Auferstehung und seine Himmelfahrt.

Zu deinem Dienst gerufen,
zu deinem Volk gemacht,
geben wir dir, was du uns selbst in die Hand gelegt hast:

Dieses Brot des ewigen Lebens
und diesen Kelch, der unsere Rettung ist
in Ewigkeit.

Wende dich nicht ab, nimm uns an,
wie du in Gnaden angenommen hast Abel, deinen Diener,
und Abraham, der unser Vater ist.
Sende uns deinen Engel, mächtiger Gott,
dass er unser Gebet und die Zeichen
unseres Glaubens vor dein Augenlicht trage.
Segne uns, die wir diese Tischgemeinschaft feiern,
und schenke uns die Fülle
der Gnade durch Jesus Christus.

Ruf dir in Erinnerung die Namen aller,
die uns im Tode vorangegangen sind,
bezeichnet mit dem Siegel des Glaubens –
sie mögen aufgehoben sein in deiner Hand,
erleuchtet und getröstet durch Christus,
unsern Herrn.

Wir gehören zu dir, trotz all unserer Schuld,
auf deine Barmherzigkeit hoffen wir.
Nimm uns auf für immer in die Gemeinschaft
deines Volkes.

Behandle uns nicht, wie wir es verdienen,
sondern schenk uns Vergebung
durch Jesus Christus, unseren Bruder, den Herrn.
In ihm hast du alles, was ist,
geschaffen und gesegnet,
in ihm empfangen wir die Fülle deiner Gnade,
er ist unser Leben.

Konziliarer Prozess

Dank
für den Brückenschlag
von „Ehre sei Gott in der Höhe“
zum „Friede auf Erden den Menschen
seiner Gnade“.
Dank
für den Menschen, in dem erschienen ist
„die Güte und Menschenfreundlichkeit
unseres Gottes“.
Dank
für den Geist, der uns mitnimmt auf den
Weg der Gerechtigkeit, des Friedens
und der Bewahrung der Schöpfung.
Dank
unserm Gott, dem heilig sind
„alle Gebeugten der Erde“.
Dank
unserm Gott, dessen Geheimnis wir andeuten
mit dem uralten Menschheitswort „heilig“:

Heilig, heilig, heilig,
Gott, du der Herr,
nicht die Herren der Welt.
Voll ist die Erde,
in Ost und West, in Süd und Nord
der Spuren deiner Herrlichkeit:
Solidarität und Perestroika,
Aufbruch zur Freiheit und Schritte zum Frieden.

Ja, du bist heilig
und bist für uns da;
Mutter und Vater,

Bruder und Schwester,
kühlender Hauch, willkommene Tröstung,
immer schon da,
wo wir nur Fremde und Feinde,
Gefahr und Zerstörung,
Reich des Bösen und Teufelswerk sehen.
Wir bitten dich:
Lass dich erfahren
im Kreis der Gemeinschaft,
die niemanden ausschließt,
im Brot, das sich mitteilt,
im Kelch, der sich ausschenkt,
in Jesus von Nazaret, deinem Sohn,
unserm Bruder,
durch deinen heiligen Geist.

Denn in der Nacht …

Darum gedenken wir jetzt
unseres Bruders Jesus von Nazaret.
Er ließ sich erschüttern vom Elend der Armen
und wurde Brot für die Welt.
Ihn bewegten die Tränen der Gepeinigten,
und er wurde zum Wein der Freude
inmitten aller Friedlosigkeit.
Er wurde selbst ein Opfer der Gewalt.
Doch wir erfahren ihn als gegenwärtig
in unseren Kämpfen,
als deine rettende Hand,
wenn wir keinen Ausweg mehr wissen,
als Begleiter im konziliaren Prozess
für Gerechtigkeit, Frieden und Bewahrung
der Schöpfung.

Gib uns durch ihn den langen Atem,
dass unsere Stimme, die zum Frieden ruft,
nicht heiser wird,
bevor alle Menschen den Ruf hören konnten.
Gib uns durch ihn ein weites Herz,
dass unsere Liebe alles Trennende fortliebt.
Gib uns durch ihn die helfende Hand,
die allem Lebendigen auf Erden gerecht wird.

Durch ihn, der Licht ist von deinem Licht,
mit ihm, der hineingeht in unsere
Enttäuschungen,
in ihm, der uns Lebensraum ist und Luft,
die wir atmen, ist dir,
unserm Gott, alle Herrlichkeit und Ehre,
der Friede auf Erden in der Gemeinschaft,
die voll deines Geistes ist,
jetzt und immer und in Ewigkeit.
Amen.

Gottes Nähe

Bruder, Schwester,
Mutter, Vater,
brennende Wunde,
Wasser in Wüste,
du, unser Gott.

Überall in der Welt werden Menschen,
deine Geschöpfe, wie Nicht-Menschen behandelt.

Aber sie spüren auch
überall eine Nähe, die Mut macht,
eine Stimme, die einlädt, eine Hand, die heilt.

Ihre Ahnung wird zur Gewissheit,
die Stimme bekommt ein Gesicht,
die Hand wird zum Namen:
Jesus von Nazaret.

Er zeigt ihnen,
dass es für dich, unseren Gott,
keine Nicht-Menschen gibt;
dass du zum Wort wirst denen,
die nichts zu sagen hatten;
dass du mit denen gehst,
die keinen Ausweg mehr wussten;
dass du aus dem Staub erhebst
die Verdammten dieser Erde.

Er selbst ließ sich
für sie zum Nicht-Menschen machen,
hatte keine Worte mehr
vor den Mächtigen dieser Erde,

die ihn verdammten,
wie all die kleinen Menschen
vor ihm und nach ihm,
mit denen er
das Zertretensein
im Staub dieser Erde teilte.

Wir danken dir,
dass dieser Zertretene lebt,
dass dieser Verdammte der Gesegnete ist,
dass dieser Mundtotgemachte
in aller Welt deine lebendige Stimme geworden ist.

Deshalb fangen wir an zu hoffen:
die Zertretenen werden aufrecht gehen,
die Verdammten werden gesegnet sein,
die Sprachlos-gemachten haben das Sagen.
Sie werden das wenige,
das sie haben, mit uns teilen.
Es wird ein Brot sein für alle, zwölf Körbe voll.
Wir werden die Güter,
die wir haben, mit ihnen teilen.
Es wird ein Wein sein für alle,
Wein der Freude für alle Menschen.

Du, unser Gott,
lass diesen Geist Jesu unter uns lebendig werden,
lass ihn im Zeichen von Brot und Wein
in unser Leben hineinströmen
und hinausströmen in alle Welt.

Denn er nahm am Abend vor seinem Tod
im Kreis seiner Freunde ein Stück Brot,
sprach darüber das Dankgebet,
brach das Brot, teilte es aus an seine Freunde
und sagte:
Nehmt und esst alle davon:
Das ist mein Leib,
der für euch hingegeben wird.
Das bin ich,
Brot für das Leben der Welt.

Am Ende des Mahls
nahm er auch einen Kelch mit Wein,
sprach darüber das Dankgebet,
reichte den Kelch an seine Freunde
und sagte:
Nehmt und trinkt alle daraus:
Das ist der Kelch des neuen und ewigen Bundes,
mein Blut, das für euch und für alle
vergossen wird
zur Vergebung der Sünden.
Das bin ich,
Wein der Freude für alle Menschen.
Tut dies zu meinem Gedächtnis.

Darum verkünden wir
den Tod unseres Bruders Jesus von Nazaret
und freuen uns, dass seine Liebe, sein Geist
stärker ist als der Tod,
wir preisen ihn als den Lebendigen,
der Menschen in aller Welt auferstehen lässt
aus Unterdrückung und Herrschaft des Todes.
Darum gehen wir in der Kraft
dieser Speise und dieses Trankes

zusammen mit allen,
die im Namen Jesu von Nazaret aufstehen
gegen die Mächte des Todes
den Weg des Lebens,
den Weg unseres Gottes,
der für uns und mit uns lebt.
Heute und immer.
Amen.

Friedenszeichen

Gebt euch ein Zeichen des Friedens
mit Herzen, Mund und Händen.
Der Friede sei mit euch. Schalom,
und gebt den Frieden weiter,
von Hand zu Hand,
von Mund zu Mund,
von Mensch zu Mensch …

Erntedank

Eine Schale mit Brot,
ein Becher Wein –
Frucht der Erde
und der menschlichen Arbeit
auf unserm Tisch,
auf deinem Altar;
Zeichen für Freundschaft und Leben, Zeichen des Dankes:
dass wir arbeiten dürfen und feiern können,
dass wir staunen müssen
trotz aller Gifte,
die wir streuen,
trotz aller Tode,
die uns treffen:
du Gott, mitten in unserm Leben,
und doch unendlich darüber hinaus –
ein Bruder, ein Freund,
einer von uns, und doch so anders,
von ganz weit her und weit uns voraus:
Jesus von Nazaret,
der Christus, Gottes Sohn,
der sät, damit alle ernten,
der erntet, damit alle leben,
der selber Samenkorn wird und Brot,
das wir brechen, Weinstock und Wein,
den wir ausschenken dürfen.

Die mit ihm gegangen waren die Wege
dessen, den er Vater nannte,
die mit ihm gefeiert hatten das Leben
der Armen und der Hungernden,
geheilt die Wunden

der Verfolgten und Geschlagenen,
erfuhren in der Nacht vor seinem Tod
die Hoffnung auf das Leben.

Gott, unsere Mutter du und Vater unser,
gieß deinen Geist auf uns herab,
auf diese unsre Gaben,
und lass sie uns werden
Jesus, unser Leben,
Christus, unsere Hoffnung.
Denn an jenem Abend
nahm er das Brot in seine Hände,
sprach darüber den Lobpreis für alles,
was er hatte aussäen dürfen
in deinem Namen,
brach das Brot
und gab es den Seinen
mit den Worten:
Nehmt und esst alle davon:
Das ist mein Leib,
der für euch hingegeben wird.
Und am Ende des Mahls
nahm er einen Kelch mit Wein,
sprach noch einmal den Lobpreis
für alles,
was du ihn hast ernten lassen
an Liebe und Gnade,
reichte den Kelch den Seinen
und sagte: Nehmt und trinkt alle daraus:
Das ist der Kelch des neuen und ewigen Bundes,
mein Blut,
das für euch und für alle vergossen wird
zur Vergebung der Sünden.
Tut dies zu meinem Gedächtnis.

Darum feiern wir ihn,
der sich aussäte und ernten ließ,
der sich verschenkte und trinken ließ,
Tod und Auferstehung,
unsre Menschwerdung durch ihn,
seine Ankunft hier bei uns.
Wir danken dir für all unsre Mühe,
dass Brot wird und Wein,
für alles Wachsen und Gedeihen,
und bitten dich, dass wir werden wie er:
dass wir unsere Ernte nicht verstecken in
sicheren Scheunen, sondern teilen mit allem,
was lebt; dass wir die Tode dieser Welt
in Auferstehung wandeln,
dass wir die Hoffnung nicht verlieren,
wenn morgen vielleicht noch kein Morgenrot tagt,
dass wir warten können bis zum dritten Tag,
da wir feiern – nicht nur im Zeichen –,
sondern in Geist und Wahrheit das Fest,
dein Fest von Leben, Hoffen, Auferstehen
mit Jesus; dem Christus,
in deiner Herrlichkeit.
Amen.

Lateinamerika

Du unser Gott,
Christen vor uns konnten dir noch
unbefangen danken:
für einen Sieg ihres Heeres,
für den Wohlstand ihres Hauses,
für einen besseren Platz auf der
gesellschaftlichen Stufenleiter.
Wir können das nicht mehr,
denn siegen heißt, Brüder und Schwestern
zu unterwerfen,
Wohlstand hier ist mit Verarmung
anderswo erkauft,
und je höher wir aufsteigen,
um so mehr verstricken wir uns in die
Sünde dieser Welt.

Und doch danken wir dir:
für die Begegnung mit den Menschen
Lateinamerikas,
die uns die Augen geöffnet hat
für deine Gegenwart in unserer Welt.
Immer haben wir versucht, dich in Jesus,
dem Christus, zu erfahren,
aber zu sehr haben wir ihn in den Himmel gepredigt,
ihn nicht mehr erlebt in den Menschen,
die sein Schicksal am eigenen Leib
ertragen.

Jetzt wissen wir:
die vielen kleinen Leute in
Lateinamerika hat er gemeint,
als er sagte:

Ich war hungrig, ich war durstig,
ich war fremd und obdachlos,
ich war nackt, ich war krank,
ich war im Gefängnis.
Jetzt wissen wir:
Wenn wir uns ihrer Not stellen,
dann sind wir in der Gesellschaft Jesu.
Wenn wir an ihrer Not vorbeigehen,
gehen wir an ihm vorbei,
sind Atheisten, wie schön unsere
Glaubensbekenntnisse auch klingen mögen.

Für die Hoffnung dieser vielen kleinen
Leute danken wir,
für die Beschämung, die sie bei uns weckt,
aber auch für jeden kleinen Schritt der Solidarität,
den wir nun gehen können.
Durch diese kleinen Schwestern und
Brüder Jesu
erschließt du uns den Sinn der Schrift,
führst uns aus Resignation zu neuem Leben
und teilst mit uns das Brot und den Kelch:
Erinnerung an Leben und Sterben
und Innewerden einer größeren Liebe,
die Raum und Zeit übergreift:
Der Herr ist wirklich auferstanden!

So sammeln wir uns jetzt um Brot und Wein,
um Jesus, den Bruder kleiner Menschen,
und bitten dich:

Lass uns in diesem Zeichen seine
lebendige Gegenwart erfahren,
ihn, der sein Leben für uns hingab,
um uns zu befreien.

Kehrvers: Gloria Señor ...

Gedächtnis des Abendmahles

So gedenken wir seiner,
dessen Leben Brot war, das gebrochen wurde,
die Gebrochenen zu stärken,
dessen Leben Wein war,
ausgeschenkt,
die Armen zu beschenken mit Freude.
Wir bitten dich, du unser Gott,
lass auch unser Leben Brot sein
für das Leben unserer Brüder und Schwestern,
Wein, dass die Freude wächst in aller Welt.
Und lass uns damit nicht allein sein,
sondern verbunden mit allen, die den
Namen deines Sohnes Jesus Christus anrufen.
Denn er ist deine lebendige Gegenwart
mitten unter uns, heute und immer.
Amen.

Segen für den Erdkreis

Gottes Friede für Afrika,
Gottes Freundlichkeit dem nördlichen Amerika,
Gottes Freiheit für Lateinamerika,
Gottes Unverfügbarkeit für Asien,
Gottes Lächeln über Australien,
Gottes Bescheidenheit für Europa,
Gottes ansteckende Gesundheit für Ozeanien.
Die sieben Gaben von Gottes Geist
über alle Teile der einen Welt.
Segne deine Kinder,
du Vater, du Sohn, du Heiliger Geist.

III

Concilium und Communio

Liturgische (Re-)Formen

Gescheiterte oder gelungene Liturgiereform?

Der katholische Gottesdienst ist arm, teilweise armselig geworden. Unsere Gemeinden sind weithin aus knienden zu sitzenden geworden. Die Abschaffung des Kniens im Gottesdienst und der Kniebeuge überhaupt ist Anpassung an protestantische Verhaltensweisen im Versammlungsraum der Gemeinde.

Prof. Georg May

Das Chaos in der Liturgie – ausgelöst durch das letzte Konzil – hat ungezählte Katholiken seelisch heimatlos gemacht.
Die Feier des hl. Messopfers im Sinn Luthers „versus populum" mit dem Rücken zum Allerheiligsten anstelle „ad Dominum" (Gott zugewandt) bedeutet für viele Priester eine Versuchung zur Prostituierung ihrer Person als Schauspieler.

Aus einem anonymen Flugblatt

Meine Messerlebnisse, in Frankreich mehr noch als bei uns, sind randvoll mit „modischen Mätzchen", „kessen Moralismen" und vielem anderen, das mich oft aus der Kirche treibt, weil meine Entrüstung mir jede Andacht raubt. Das geht schon los mit dem „schönen guten Morgen". Und dann der ganze „Klimbim" mit ballspielenden Kindern, mit läppischen Zettelchen, die man sich um den Hals hängen soll, mit Klampfen-Dauerkonzert, mit Friedensgruß-Krampf, der bis zum Wangenkuss geht.
Alles in allem von Mysterium und Sakralität, vom „Abglanz der ewigen Liturgie" kaum noch eine Spur.

Aus einem Leserbrief der Kirchenzeitung Köln

Drei Stimmen zur Situation des Gottesdienstes in der katholischen Kirche nach den Reformen, die das Zweite Vatikanische Konzil mit sich gebracht hat. Stimmen, die sich beliebig vermehren und inhaltlich erweitern ließen. Ebenso viele Erfahrungen von Menschen mit ihrer Kirche – aber doch auch gedeutete

Erfahrungen, die sich von einem anderen Hintergrund her auch anders deuten ließen. Ich kann unsere Liturgie und mein Erleben des Gottesdienstes in diesen zur Sprache gebrachten Erfahrungen nicht wiedererkennen. Doch weisen sie auf Defizite in der kirchlichen Praxis hin.

Enttäuschungen

Der Vorwurf der Armseligkeit kommt nicht nur aus der Richtung derer, die der Liturgiereform als Neuerung misstrauen. Auch und gerade junge Menschen erheben ihn, die die heutige Gottesdienstform gar nicht als Folge einer Erneuerung erleben, da für sie die Vorgänge von Konzil und Reform Geschichte sind, die ihnen weitgehend unbekannt ist. Sie fassen ihren Vorwurf oft in die Aussage:
„Gottesdienst, das ist doch immer dasselbe." Ausdruck der Langeweile, die sie im Gottesdienst erleben. Der lebendige Gott in seiner Tiefe und Größe und Weite scheint ihnen da nicht aufzuleuchten. Armseligkeit des Gottesdienstes. Während die einen die geheimnisvollvertraute lateinische Sprache der alten Liturgie vermissen, die in Verse gefasste Dogmatik mancher alten Kirchenlieder, die vielen Selbstverständlichkeiten wie Kniebeugen, Weihwasser, Tabernakelverehrung, die Inbrunst der gemeinsamen Gebetshaltungen, vermissen die anderen Zeichen, die ihrer Erfahrungswelt zugänglich sind, eine Sprache, die ihnen hilft, den verborgenen Gott auf den Wegen ihres Lebens zu entdecken, ihn zu feiern und sich so von ihm beschenken zu lassen.
Vom „Konzil der Buchhalter" spricht einer der Kritiker, aber die Konzilsväter waren keine bürokratischen Federfuchser, sie waren bewegt vom Geist, der sie antrieb, der Not der christlichen Gemeinde in einer sich mehr und mehr säkularisierenden Welt gerecht zu werden. Freilich waren sie auch ängstlich, woll-

ten niemanden vor den Kopf stoßen und blieben deshalb oft in zweideutigen Kompromissformeln stecken.

Neue Möglichkeiten

Aber da ist auch eine Erfahrung von der ungeheuren Bereicherung, die unsere Liturgie erfahren hat. Im konventlichen Leben etwa bei uns Dominikanern: die Wiederentdeckung des Stundengebets als eines festlichen, froh machenden Vollzugs des Gotteslobs, zusammen mit Menschen, Laien, die dieses Gotteslob mittragen und sich von ihm tragen lassen; die vielen neuen Lieder, die uns wieder singen lassen „mit Herzen, Mund und Händen", weil sie in Sprache, Melodie und Rhythmus Ausdruck unserer eigenen Glaubenserfahrung sind, nicht nur Zeugnis des Glaubens früherer Zeiten, dem wir uns nur mühsam annähern können; die Wiederentdeckung des biblischen Gotteswortes, seine Erschließung in Gespräch und Predigt; die menschliche Wärme und mystische Tiefe der großen Gemeinschaftsfeiern: Priesterweihen, Professtage, manchmal auch Beerdigungen. Und dann erst der Reichtum, den die Reform den Gottesdiensten der Jugend erschlossen hat: keine Rede nur von Sitzen – da sind die verschiedenen Meditationshaltungen, da knie ich mit der Stirn bis zum Boden geneigt, da erheben wir die Hände in der urchristlichen Orantehaltung, da umschreiten wir den Altar, wie es die Psalmen bekunden, da entdecken wir die Prozessionen neu, das uralte Symbol der Kerzen, des Wassers, das Kreuz und die Ikonen, den Tanz.

Streit um die Liturgie

Sicher hat es viel Streit um die Liturgie gegeben. Nicht der Streit ist das Ärgerliche, eher doch wohl die Missverständnisse, auf

denen er oft beruhte, die Rechthaberei, die den andern gleich als irrgläubig oder ungläubig ansieht.
Aber in manchem war es sicher auch ein „guter Kampf", der da gekämpft wurde. „Was hat das für eine gesellschaftliche Relevanz?" fragten die jungen Leute in der Umbruchsituation der späten 60er, frühen 70er Jahre. Und lernten dabei Gebet und Gottesdienst als den gemeinsamen Vollzug einer Hoffnung kennen, der Hoffnung, die von Gott kommt für diese Welt im Griff des Todes, lernten festzuhalten am Gebet, weil sie die Gefährdung durch das Machertum, später auch das männliche Herrschaftswesen erkannten. Und da sind auch meine Erfahrungen von einem Streit, der notwendig war, um viele junge Leute in der Gemeinschaft der Kirche halten zu können. Wenn ich dem Volk zugewandt war – „versus populum" –, war ich da nicht auch Ihm zugewandt – „ad Dominum" – habe ich nicht den Abglanz seines Lichtes auf dem Antlitz der Menschen gesehen? Und wenn wir im Angesicht der amerikanischen Raketen die Eucharistie feierten, brauchte ich mich nicht vor ihnen zu prostituieren.

Menschwerdung

Ärger gibt es viel rund um die Liturgie. Mit Recht klagen die einen über „modische Mätzchen" und allzu „leutselige Priester". Mit Recht klagen die andern über die Anonymität, die emotionale Kälte, die Privatisierung und fromme Vereinzelung, die in vielen Gottesdiensten herrschen. Dabei könnten alle sich im „Mysterium" treffen. Und dieses „Mysterium" will nicht nur in bestimmten sakralen Riten aufleuchten, es leuchtet vor allem Ritus schon auf im lebendigen Menschen, in der Gemeinschaft der Menschen. Oder kann ich mich nicht selbst als ein Geheimnis erfahren, rätselhaft, unergründlich, aber angesprochen, getragen, umspielt von einer anderen, größeren

Liebe, die sich mir auch in der Gemeinschaft der Menschen erschließen will? Gewinnt nicht von dieser Erfahrung her der Glaubenssatz, dass Gott Mensch geworden ist, eine ganz neue Dimension, neue Weite, neuen Glanz? Dass Gott Mensch geworden ist in einem ganz konkreten Menschenbruder, dessen Leben sehr menschlich, sehr deutlich, sehr einleuchtend war. Und dass seine Menschlichkeit ihn den Tod gekostet hat. Und dass wir seiner gedenkend erfahren, dass der Tod nicht das letzte Wort ist, das von einem Menschenleben ausgesagt wird, sondern dass Gott das letzte Wort hat, und sein Wort ist Leben und Auferstehung. Und darf sich diese Menschwerdung, dieses Leben, diese Auferstehung nicht spiegeln in den Formen unseres liturgischen Feierns? Dürfen wir da nicht unsere Namen aufschreiben, wie sie auch in Gottes Hand geschrieben sind? Dann sind vielleicht die Zettel mit den Grafitti unserer Gebete und Wünsche nicht nur „läppisch", dann kann eine Gitarre genauso erheben wie eine Pfeifenorgel, erfahren wir das göttliche Geschenk des Friedens nicht nur in einem blassen Ritus, sondern als Tanz der Geschwister vor Gottes Angesicht: Gott auf dem Antlitz des Menschen, warum um alles in der Welt die Angst vor dem „Wangenkuss"?
So könnte uns gemeinsam Gott aufleuchten, der „mitten in unserem Leben der Jenseitige" ist.

Thesen zum Gottesdienst der Jugend

1. Kirche ist da, wo Menschen sich um Jesus von Nazaret versammeln, weil sie das Beste von dem, was sie bewegt, in ihm wiedererkennen und daher bereit sind, seinen Weg zu gehen.

2. Das Evangelium bezeugt Jesus von Nazaret als Menschen, der radikal für die anderen da war und trotz scheinbaren Scheiterns nicht verloren ist; er ist somit Hoffnung für die Zukunft aller Menschen und inspiriert zu tatkräftigem Einsatz für eine Welt, die immer mehr dem entspricht, was das Evangelium Reich Gottes nennt.

3. Gottesdienst ist die Versammlung der Gemeinde des Jesus von Nazaret, in der das gefeiert wird, was sie bewegt: die Sache Gottes wird zur Sprache gebracht, als Gabe dankbar aufgenommen und als Aufgabe erkannt; die Gegenwart Jesu wird gesucht und erfahren im Zusammensein der Gemeinde, im Hören und Bedenken des Wortes, im Gespräch mit der Tradition, in der Jesus stand und weiterlebt, in den Zeichen von Brot und Wein, in denen Jesus selbst sein engagiertes Leben zusammengefasst hat.

4. Die Sache Gottes wird nicht dann schon lebendig, wenn die Bibel zitiert wird und die Zeichen rubrikengetreu gesetzt werden. „Nicht jeder, der zu mir ‚Herr, Herr' sagt, wird in das Reich Gottes eingehen, sondern wer den Willen meines Vaters tut."

5. Wenn im Gottesdienst das durch die Bibel vermittelte Wort Gottes lebendig werden soll, muss es in der Sprache, die die Menschen sprechen und verstehen, gebracht werden; wenn das Wort Antwort finden soll, müssen Rückfragen gestattet sein; wenn es ein Wort nicht nur an individuelle Einzelne, sondern an eine Gruppe, eben die Gemeinde des Jesus von Nazaret, sein

soll, muss auch das Gespräch der Gemeinde mit diesem Wort und über das Wort möglich sein.

6. Wenn in den Zeichen von Brot und Wein die lebendige Gegenwart Jesu gefeiert werden soll, muss die Art dieser Feier diesen Jesus deutlich sichtbar machen: seinen Gehorsam gegenüber dem Vater, der sich im radikalen Einsatz für die anderen verwirklichte.

7. Auch nach der Liturgiereform bleibt der Gottesdienst für viele, nicht nur für junge Menschen, ein Buch mit sieben Siegeln: sie erkennen in ihm kaum etwas von dem wieder, was sie bewegt, die Sache Gottes wird für sie nicht zur Sprache gebracht, die Gegenwart Jesu in seinen heiligen Zeichen nicht als inspirierend erfahren.

8. Viele junge Menschen erfahren den Gottesdienst heute als eine Pflichtveranstaltung, die in alten Traditionen erstarrt ist, in unverständlicher Sprache und undeutlichen Zeichen spricht, die wirklichen Probleme der Welt und die Frage der Menschen nicht behandelt und einen persönlichen Beitrag der Teilnehmenden nicht möglich macht.

9. Wer gläubig davon überzeugt ist, dass die Kirche eine von Gott mit einer lebensnotwendigen Aufgabe betraute Gemeinschaft ist, kann die Augen nicht vor der Tatsache verschließen, dass die Bewahrung liturgischer Ordnungen und Traditionen manchmal für wichtiger gehalten wird als die Erfüllung der von Gott gestellten Aufgabe.

10. Für den Gottesdienst junger Menschen ist daher zu fordern, dass die Rückkehr zur „Freiheit der Kinder Gottes“ wieder ermöglicht wird. Der erste Korintherbrief des hl. Paulus beweist, dass sich diese Forderung nicht im Widerspruch zur christlichen Tradition befindet (vgl. 1 Kor 12 und 14).

11. Es muss möglich werden, dass der Gottesdienst eine Sache des ganzen Volkes Gottes wird auch in dem Sinn, dass jeder Einzelne seinen Beitrag leisten kann, ohne dass dieser Beitrag durch Berufung auf liturgische Bestimmungen als unzulässig erklärt werden kann. Diese Forderung richtet sich nicht gegen die Leitungsfunktion des priesterlichen Amtsträgers, wohl aber gegen deren autoritäre und autokratische Ausübung. Auch im Gottesdienst muss sichtbar werden, was für die Autoritätsausübung innerhalb der Kirche im allgemeinen gilt: sie muss im Dialog erfolgen.

12. In jeder Gemeinde sollten Dienstgruppen gefördert werden, die sich mit der Gestalt und Thematik des Gottesdienstes befassen. Ihnen sollte jede nur mögliche Hilfe geleistet werden, und anstatt ihr Engagement zu verdächtigen, sollten die offiziellen Amtsträger der Kirche ihnen Vertrauen entgegenbringen und sie zu ihrer Arbeit ermutigen.

13. Die Territorialgemeinde ist nicht die einzige Form, in der sich die universale Kirche realisiert; da sie infolge ihrer Zusammensetzung oftmals gehindert ist, neue Wege zu gehen, die vom Evangelium her gefordert sind, können neben sie freie Personalgemeinden treten, in denen junge Menschen und Erwachsene gemeinsam mit Priestern ihres Vertrauens versuchen, zeitgemäße Formen christlichen Engagements zu finden und ihnen im Gottesdienst Gestalt zu geben. Dies könnte z. B. auf Stadtebene geschehen.

(Thesen erarbeitet zusammen mit Sachausschuss „Jugend“ des Diözesanrates der Katholiken im Bistum Aachen.)

Umgang mit Symbolen

Am Beispiel der Trauung

Bei allem, was uns bekannt ist vom Glaubwürdigkeitsverlust der Kirchen, von der Krise der Institutionen, von der auch Ehe und Familie erfasst sind, von der Furcht vor (endgültigen) Bindungen, weil in der Welt, die wir erfahren, soviel Bindungen zerbrechen, ist es doch immer wieder erstaunlich, dass junge Menschen ihr vielleicht schon Jahre währendes Zusammenleben im Sakrament der Ehe in kirchlicher Öffentlichkeit besiegeln möchten, wie offen sie und ihre Verwandten und Freunde für eine den heutigen Menschen verstehende Ritualisierung sind, wie sensibel sie einen persönlichen und zugleich öffentlichen Ausdruck ihrer Sicht gemeinsamen Lebens suchen und finden, wie so ein Weg eröffnet wird, in der Feier des Ja zweier Menschen zueinander die Gegenwart Gottes mitten in unseren menschlichen Beziehungen zu erleben.
Wichtig ist dafür das vorausgehende Gespräch über all diese Zusammenhänge, die Ermutigung der jungen Leute, die eigene menschliche und christliche Kompetenz und die ihrer Freunde und Verwandten in das sakramentale Miteinander einzubringen, die Fähigkeit des Liturgen, die Ängste, Unsicherheiten, aber auch Sehnsüchte, Intuitionen, Hoffnungen und Möglichkeiten der beiden in Sprache und Zeichen spürbar werden zu lassen. Ein paar Beispiele sollen dies zeigen.

Musik

Da ist ein Paar, voll Misstrauen gegen alle kirchlichen Worte, voll Unsicherheit auch gegenüber dem biblischen Wort, aber voll Sehnsucht nach einer religiösen Feier ihres Miteinanders, ihre Kompetenz: sich in Musik auszudrücken und zu erfahren. „Am liebsten möchte ich eine Feier, in der überhaupt keine Worte gemacht werden, wo alles durch Musik ausgedrückt wird“, so wagten sie im Gespräch ihre Vorstellungen von der Trauung zusammenzufassen. Nun dürfte ein öffentlicher Akt im Raum menschlicher Gesellschaften nie auf das Wort verzichten können, also auch die Trauung nicht. Aber die Flut der Worte könnte doch eingedämmt werden, dem Wort könnte sein schöpferischer Charakter wiedergegeben werden, ja, das Wort könnte selbst zur Musik werden, zum Beispiel in der Poesie, und tatsächlich kann doch auch die Musik aus der dienenden Funktion des schmückenden Beiwerks entlassen und zum glaubwürdigen Ausdruck dessen werden, was eine menschliche Gemeinschaft bewegt. In der Tat wurde die Trauung ein Fest voll Musik, die Zeugnis und Zeichen war, in der viele Menschen aussagen konnten, was sie im Wort nicht hätten vermitteln können. Da blühte auch die Sprache auf zu Fest und Musik. Etwa die Lesung, besser gesagt das Erleben des Hohenlieds: „Sein Zeichen über mir heißt Liebe … ich bin krank vor Liebe … Seine Linke liegt unter meinem Kopf, seine Rechte umfängt mich … Schön bist du, meine Freundin, ja, du bist schön … Deine Brüste sind wie zwei Kitzlein, wie die Zwillinge einer Gazelle, die in den Lilien weiden …“

Ja

Da sind die Paare, die sich wirklich dessen bewusst sind, dass ihr Jawort als symbolische Zusammenfassung ihres Willens zum gemeinsamen Leben die Spendung des Sakraments ist, alle andern einschließlich des Priesters Zeugen ihres sakramentalen Handelns sind. Sie begrüßen die Anwesenden, sie verdeutlichen in einem Bekenntnis zur Ehe, zu ihrer Akzentuierung von Ehe, das, was in der Feier der Trauung vor sich geht, sie haben Eltern, Geschwister, Verwandte, Freunde zuvor schon zum Gebet für ihren Weg und den Weg der andern Menschen miteinander eingeladen, und die Eingeladenen nehmen tatsächlich, vielleicht zum ersten mal in ihrem Leben, aber durchaus kompetent ihre Vollmacht zur Fürbitte wahr, mindestens was den Vollzug in der Öffentlichkeit betrifft. Sie auch schlagen den Bogen von der kirchlichen Feier zum anschließenden Miteinander bei Speis und Trank, Gespräch und Tanz, und lassen so die sakramentale Feier im Menschlichen wieder aufleuchten und das Menschliche im Sakramentalen verwurzelt sein.

Kerzen

Da sind die beiden, die ihre Taufkerzen und eine Hochzeitskerze mitbrachten. Sie wurden nacheinander zu Beginn der Feier an der Osterkerze entzündet. Christusruf und Christusbekenntnisse der Braut, des Bräutigams, Wunsch der beiden, ihr Bekenntnis, ihre Begabung, ihren Mangel miteinander zu leben: Herr, erbarme dich!
Wunderbare Verknüpfung von Taufe und Ehe, ein Miteinander von zweien als Aktualisierung ihres je individuellen Gerufenseins. Und da waren ihre Antworten auf die Fragen des Priesters nach Ehewillen und Eheverständnis, auf ihren Wunsch hin aber auch die Frage an die Anwesenden, ob sie bereit sind, die beiden in ihrem Wunsch und seiner Verwirklichung zu bestärken. Zunächst natürlich keine Antwort von der überraschten Gemeinschaft, die spielerische Nachfrage des Priesters, ob sie das denn etwa nicht wollten, und dann der einhellige Ruf: Ja doch… aber natürlich doch! Und die Erfahrung, dass wir alle gemeint sind, wenn wir in der Kirche etwas feiern.

Ring

Da ist der ausdrückliche Wunsch fast aller Paare, die Symbolik des Rings sprechen zu lassen. Die Rundung des Rings als Zeichen des Vollkommenen, Vollendeten, Göttlichen, wie es hineinragt in unser Leben. Am Ring ist kein Ende zu erkennen: unermesslich wie das Geheimnis Gottes ist auch das Geheimnis des Menschen und der menschlichen Liebe; am Ring ist aber auch kein Anfang zu erkennen: wie Gottes Geheimnis anfanglos ist, so auch unsere Liebe, die nicht erst heute mit dem Jawort anfängt, aber auch nicht erst in den Erfahrungen, die diesem Jawort vorangingen, ja nicht einmal mit dem ersten Kennenlernen, letztlich nimmt sie ihren Anfang in der Liebe Gottes selbst: „Du, der du alle Wege umgebogen hast, damit diese zwei einander fänden …"

Wege

Und da sind die Geschichten, die erzählt werden, von den Wegen der Menschen zueinander, von den Wirklichkeiten, die in ihrem Leben eine Rolle spielen; Geschichten, die auch in der gottesdienstlichen Versammlung weitererzählt werden sollen: wie man ohne irgendeinen Gedanken an Hochzeit und miteinander auf getrennten Wegen (zufällig?) in einer Kölner Kneipe zusammentraf, an Silvester, wo nichts geplant und gewollt war, und doch eine Freundschaft, eine Beziehung wuchs, einfach geschenkt, Liebe nicht als Planung, als unser Machwerk, unsere Leistung, sondern Widerfahrnis, Geschenk, Gottesereignis, Sakrament, und viele der Anwesenden erkennen sich wieder in solcher Erfahrung, sehen auf einmal auch ihre Ehe mit ihren Tiefen und Höhen als ihre Erfahrung des lebendigen Gottes mitten im „weltlichen Ding" einer nicht unbedingt außergewöhnlichen Ehe …

Wasser

Da ist die Liebe zweier Menschen zum Wasser, darum die Trauung in einer Kirche, die direkt am Wasser des Rheins liegt, im Fluss sich spiegelt, wie wir Menschen uns finden an den Wassern des Heils. Und deshalb die Auswahl der Schriftworte: Jesu Wirken am See Genezaret und die Geschichten vom Toten Meer. Beide Gewässer gespeist von den Wassern des Jordan; der See nimmt auf und gibt weiter: Leben; das Meer nimmt auf und hält fest: Versalzung, Tod. Ein Bild der Ehe: Empfangen, aber nicht krampfhaft Festhalten, das Hineinfließen lebendigen Wassers in unser Leben tagtäglich wahrnehmen, Beschenktsein und Schenken. Und dann miteinander feiern, auf dem Fluss, auf dem Schiff, Menschen miteinander, mit Gott unterwegs …

Beziehungen

Wie schön spürbar geworden, als eine Trauung nicht in der Kirche, sondern beim gemeinsamen Kaffee im elterlichen Hause eines der beiden Hochzeitenden begann. Da waren viele, die sich nicht kannten, die aber heute eines verband, eine Beziehung zu den beiden Ehewilligen: Verwandte, nahe, entfernte, Freunde, Kollegen, Bekannte … Sie alle, jeder und jede Einzelne, wurden vom Brautpaar in einer großen gemeinsamen Zeremonie begrüßt, vorgestellt und mit einem Zeichen, Symbol der jeweiligen Verbindung, wie mit einem Orden geschmückt. Dies schuf Kennen, Würdigen, Gemeinschaft. Und dann gingen alle, nun schon besser miteinander vertraut, geschmückt mit den Symbolen der Beziehung zum Brautpaar, gemeinsam zur Kirche: Gott konnte inmitten seines Volkes Ereignis werden, und inmitten seines Volkes vollzog sich das Ja zweier Menschen zueinander. Der Gedanke an einen Egoismus zu zweit konnte gar nicht erst aufkommen; soviel offene Fenster, aus denen heraus das Licht der Liebe fiel in eine oft von Unfrieden überschattete Welt, durch die hinein aber auch die Sympathie, das Mitleiden und Miterleben so vieler Menschen drang, die die beiden nicht ihrem Schicksal überlassen würden … So, und jetzt sind die Leser dran mit ihren Erfahrungen, diesen Beitrag fortzusetzen und aufzugreifen …

Klang

Ein polnisches Wörterbuch erklärt das Wort „Klang“ als „eine hörbare Wahrnehmung, hervorgerufen durch akustische Wellen“, und bietet zur Verdeutlichung die folgenden Begriffe an: „Laut, Geräusch, Lärm, Knirschen, Klopfen, Knall“. Demgegenüber neigen viele deutsche Wörterbücher zur Unterscheidung von (Wohl-)Klang und Geräusch. So wenn etwa „Klang“ erklärt wird als „ein Gemisch reiner Töne, das heißt von periodischen Schwingungen, mit bestimmten Schwingungszahlen“, und dies im ausdrücklichen Gegensatz zum „Geräusch“ verstanden wird. Hingegen sieht die Musik unserer Zeit jegliche „hörbare Wahrnehmung“ als ihr Material an, wobei dann (Wohl-)Klang und (undefinierbares) Geräusch als zwei Extremformen von „Klang“ verstanden werden.

Der Kosmos als virtuelle Musik

Das Phänomen von „Klang“ (und Geräusch) hat die Menschheit von jeher fasziniert. Äußert sich das junge Leben nach einem dramatischen Geburtsvorgang in einem ersten großen Schrei (und dürfen wir diesen Schrei auch als einen Ausdruck des Entsetzens angesichts einer verwirrend unerklärlichen Welt deuten), so vermag die Erfahrung der einfachen Ordnung eines Wiegenlieds das Vertrauen in eine Welt von Heil und Güte zu wecken. In diesem Vertrauen konnten Wissenschaftler und Künstler, Philosophen und Dichter die Welt als ein Beziehungsgeflecht von wunderbarer Ordnung erfahren und erkennen. Schon Pythagoras entdeckte, angeregt durch babylonische Theorien, physikalische Intervall-Beziehungen zwischen den kreisenden Himmelskörpern; auch verdanken wir ihm eine klare Definition der musikalischen Intervalle. Pythagoras, vertraut mit den Tönen der Musik und ihren Intervall-Beziehungen wie mit den Gestirnen und ihren Bahnen, konnte von der „Harmonie der Sphären“ sprechen. Damit war er dem Gott auf der Spur, der sich in den Schriften Israels als der erweist, der alles „nach Maß, Zahl und Gewicht geordnet“ hat (Weish 11,20). So wird für ihn der ganze Kosmos zu einer virtuellen Musik, die sich in der realen Klangwelt der Musik widerspiegelt.

Die Welt des Klangs als Sakrament der Gottesbegegnung

Die Welt des Klanges in all ihrer Verschiedenheit wird für Israel gleichsam zum Sakrament der Gottesbegegnung. Im Schöpfungslied (Gen 1) verdankt sich die Welt dem klingenden Gotteswort „Es werde Licht!“. Und dieser schöpferische Klang weckt den Klang in Menschen und Dingen. In Ijob 38,4a.7 fragt Gott: „Wo warst du, als ich die Erde gegründet … als alle Morgensterne jauchzten und alle Gottessöhne jubelten?“ Der Talmud wagt die Aussage: „Es war ein Jubel in Gott, als er die Welt erschuf.“ Dieser Jubel Gottes wird zum klingenden Gotteslob seines Volkes, ja wird zu einem Thron aus Klang, wie es der 22. Ps aussagt: „Du thronst auf den Lobgesängen Israels.“ Der Klang, in dem Gott begegnet, ist der Donner ebenso wie das leise Säuseln des Windes wie auch das geformte Wort des Sch^{e}ma Jisrael (Höre, Israel).

„… dann hat alles Klang, was lebt“

Auch für die christliche Tradition ist Klang ein Zugang zur Welt des Göttlichen. Hildegard von Bingen singt das Lob der Dreifaltigkeit, „quae sonus est et vita“ (die Klang ist und Leben), ein Bild für Gott, das jedem verständlich ist, der sich der Klangwelt einer alt-bayrischen Rosenkranzandacht oder eines Brucknerschen Tedeums anvertraut. Nicht nur Christen können die

Verse Friedrich Schlegels verstehen: „Durch alle Töne tönet / Im bunten Erdenraum / Ein leiser Ton gezogen / Für den, der heimlich lauscht.“ Klang aus Gottes Welt hat sich (nicht zuletzt im menschgewordenen Wort) unserer Welt einverleibt. Dieser Klang wird hörbar, wie es der flämische Dichter Guido Gezelle ausdrückt: „Wenn die Seele lauschet, / dann hat alles Klang, was lebt.“ Das geheimnisvoll der Welt verwobene Wort wird Klang „in Herzen, Mund und Händen“ – „wenn die Seele lauschet“.

Singend werden wir erwachen

Singen wird dies Haus und jauchzen,
singen werden Holz und Stein,
singen werden wir und jauchzen,
und der Raum stimmt mit uns ein.

Atemholen darf die Seele,
jetzt, da selbst der Himmel singt,
grenzenlos sind die Gesänge,
eine neue Zeit beginnt.

Singend werden wir erwachen,
Mordlust ist nicht mehr an Bord,
und die über Leichen gingen,
haben nicht das letzte Wort.

Der dem Tod hat abgerungen
Hand und Name, Wein und Brot,
Jesus, feiert ihn, denn heute
fand der Tod in ihm den Tod.

(Übertragung des niederländischen Liedes „Zingen zal dit huis“ von S. de Vries.)

IV
Zeiten und Gebete

Ecclesia orans

„Epiklese“

Tu meinen Mund auf,
Geist der mich begeistert,
dass ich die Worte finde,
Gott zu loben,
dass ich die Worte finde,
Gott zu loben.
Wohne mir inne,
Geist der Herzen weitet,
dass darin Platz ist
für das Weh der Erde.

Komm mir zu Hilfe,
Geist der sieben Gaben,
dass ich mich löse
aus dem Griff des Bösen,
dass ich mich löse
aus dem Griff des Bösen.
Lös mir die Zunge,
Geist in Welt und Sprache,
dass Kündung und Gedicht
in mir aufblühen.

Sturmwind und Feuer,
Geist in dem wir leben,
taue uns auf und wirke
durch uns Wunder,
taue uns auf und wirke
durch uns Wunder.
Ruf uns zum Frieden,
Geist der Zeitenwende,
dass Gott uns aufleuchte
im Menschenantlitz.

Der Bund: eine Vision

Den Träumen trauen
Visionen schauen
und Worte reichen
von Mund zu Mund.

Die Waffen strecken
den Frieden wecken
die Erde lieben
sie ist so bunt.

Zusammenleben
und Schuld vergeben
trösten und heilen
was müd und wund.

In Tiefen dringen
beten und singen
und fröhlich bauen
auf Gottes Grund.

Liturgia horarum

Laudes

Lob
dir gesungen
der Skepsis abgerungen
abgelauscht den Klängen der
Stadt

Terz

Komm
heiliger Geist
wie wirbelnder Fallwind
in unsre müde Geistlosigkeit
komm

Sext

Die
sechste Stunde
Mittag und Anfang
vom Ende eines unzerstörbaren
Traums

Lese-Offizium

Psalmen
bringen uns
nah die Tora
Apostel Propheten singen dich
Gott

Non

Tod
drängt sich
in unsern Tag
Vater in deinen Händen
Ewigkeit

Vesper

Abend
neigt sich
der Nacht entgegen
wann stürzen Mächtige vom
Thron?

Komplet

Dein
Licht schwindet
unser Licht kommt
weiß nichts von deiner
Sinnflut

Hymnen

Advent

Lichtträger Christus, leucht uns heim,
sei Weg und Rückenwind,
Licht, das uns trägt, und Hand, die heilt;
du weißt, wie krank wir sind.

Ersehnt, erwartet … unverhofft
geht auf in uns ein Licht,
ein Licht, das tröstet, das von Heil
und Menschenwürde spricht.

Das Wort, es fällt uns in den Schoß,
es geht von Mund zu Mund,
erfüllt die Welt mit heilgem Geist,
vielstimmig, freundlich, bunt.

Stella maris

Stern in dunklen Nächten,
Schwester du und Mutter,
in den Schoß gefallen
dir ein Wort vom Himmel.

Was begann mit Chavva,
ist noch nicht zu Ende,
deines Leibes Frucht
ist aller Welt ein Segen.

Schon regt sich die Hoffnung,
wankt die Wand des Zweifels,
weicht der Glanz des Bösen
einer neuen Freiheit.

Einst gabst du dein Jawort
einem Menschenleben,
gib ein neues Jawort
unsern Pilgerwegen.

Deiner Schritte Spuren
sind nicht zu verwischen,
lass auch unsre Füße
Hoffnungswege bahnen.

Unsres Lebens Reise
lass ans Ziel gelangen,
dass das lang ersehnte
neue Lied wir singen.

IHM, der sich vor Urzeit
liebend ausgesprochen,
sei, wie Wort und Ruach,
Lob und Preis und Ehre.

Mädchen, du, in Israel

2. Du vertrautest auf das Wort, / das Gott einst gesprochen,
das Propheten sagen ließ: / Neu wird diese Erde.

3. Was nicht zu erwarten war, / hast du uns gegeben,
der dein Ein und Alles war, / wurde unser Bruder.

4. Richte nun auch unsern Blick / auf das Heil der Erde,
dass wir leben so wie er, / einer für den andern.

T: Diethard Zils, M: Albe Vidakovic

Fastenzeit

Das Fasten weitet unsern Blick,
wir sehn, was Hunger tut,
wir dürsten nach Gerechtigkeit,
nach Zuversicht und Mut.

Das Fasten leistet Widerstand,
ist weltweiter Protest,
der Wahn von Schlag und Gegenschlag
macht Platz für Tanz und Fest.

Das Fasten ist ein Umdenkweg,
wer fastet, legt sich quer,
macht nicht mehr mit bei Hohn und Spott,
es gibt kein Mobbing mehr.

Wer fastet, hat das Kreuz im Blick
und trägt der andern Last,
in Jesu Spur ein Jesusweg,
wir sind bei ihm zu Gast.

Das Fasten öffnet uns die Hand
und lädt zum Teilen ein,
wir breiten weit die Arme aus,
wir teilen Brot und Wein.

Veni Creator

Komm, Schöpfer, der das Chaos bannt,
atme in uns, bewohne uns
und lass von dir gezeichnet sein
das Leben, das sich dir verdankt.

Sei Stimme in uns, uns voraus,
Gerücht von Gott, das nie verstummt,
sei Quell und Wärme, Liebeslied,
sei Balsam uns Verwundeten.

Geschenk, uns zu ermächtigen,
den siebenfachen Kreis zu ziehn,
mit Gottes Kraft zu widerstehn
dem Abgott, der uns blenden will.

In dunkler Welt, in schwarzer Nacht
lass Licht uns sehn und Liebe tun,
erweise dich als unsre Kraft
in Feuerofen, Löwenmaul.

Die Waffen schlag uns aus der Hand,
lass grenzenlos die Liebe sein,
geschwisterlich und herrschaftsfrei
das Volk, das du begeistert hast.

Dass da ein Gott und Vater ist,
uns menschlich nah in seinem Wort,
und in uns Geist von seinem Geist,
ist unsre Hoffnung, unser Weg.

Dominikanische Antiphonen

Die Dominikaner singen jeden Abend, meistens nach der Vesper, das Salve Regina oder eine andere marianische Antiphon als Abendgruß an Maria, dann kommt der Abendgruß an den Ordensvater Dominikus, meistens das O lumen. Diese metrische Reimantiphon ist sehr schön und sagt viel darüber aus, was die Dominikaner in ihrem Ordensgründer sehen. Die lateinischen Verse sind wörtlich übersetzt heute nicht mehr jedem zugänglich. Deshalb hier einige Zugänge zu dieser alten Antiphon.

O lumen ecclesiae – O Licht der Kirche

Dominikus als Lichtgestalt der Kirche

oder aber: Dominikus, der gleichsam als ein Hellseher die dunklen Ecken der Kirche ausleuchtet und ins Blickfeld rückt,

doctor veritatis – Lehrer der Wahrheit

Dominikus als einer, der genau weiß, was die Wahrheit ist und sie den Ungläubigen um die Ohren haut

oder aber: Dominikus, der in Gott die Wahrheit sieht, die uns weitestgehend verborgen bleibt, daher weniger eine vorhandene Kenntnis, sondern eher das unbedingte Vertrauen auf Gottes unverbrüchliche Treue zu uns Menschen.

Rosa patientiae – Rose der Geduld

Dominikus, der die Tugend der Geduld besaß

oder aber: Dominikus, der eine erfreuliche Erscheinung war, weil er mit den langwierigen Leiden der Mit-menschen mitleiden konnte, ein Mensch des Mit-Leidens (com-passio) und der Em-Pathie, des Sich-in-den-Leidenden-mitleidend-hineinversetzen-könnens war

ebur castitatis – Elfenbein der Keuschheit

Dominikus als einer, der seine Sexualität fest im Griff hatte und mit dem Zölibat keinerlei Schwierigkeiten hatte

oder aber: Dominikus, dessen Gesamtpersönlichkeit wie ein Kunstwerk erschien (ebur heißt nicht nur Elfenbein, sondern auch Kunstwerk, weil es in früheren Zeiten viele Kunstwerke

aus Elfenbein gab), ein Kunstwerk liebenden Miteinanders mit den Menschen, ohne von ihnen Besitz zu ergreifen, eine Haltung, die nicht etwa einen zölibatären Lebensstil voraussetzt, sondern in jeder menschlichen Beziehung lebendig sein sollte, was aber gar nicht so leicht zu verwirklichen ist.
Aquam sapientiae propinasti gratis – Wasser der Weisheit spendete er, ohne Bezahlung zu verlangen
Dies ist noch am leichtesten zu verstehen, er war ein Mann voller Liebe und Einfühlungsvermögen und Erfahrung im Umgang mit Menschen, dazu auch spontan und unkonventionell
Praedicator gratiae – Prediger der Gnade
Dominikus als einer, der von der Liebe Gottes predigte, doch Prediger können einem auf die Nerven gehen
oder aber: Dominikus als einer, der Menschen, die Schwierigkeiten mit der Kirche hatten, wieder einen Zuweg zeigen konnte, einer, der sich nicht scheute, auch bei den „Ketzern", den Andersgläubigen, den Ungläubigen, Wahrheit zu entdecken, sie anzuerkennen und sie in sein Leben zu integrieren: Gnade verstanden als die zuvorkommende Liebe (Gottes), die Freiheit lässt und gerade dadurch Einladung ist, den Weg auf Gottes Frieden hin einzuschlagen.
Prediger der Gnade – vielleicht auch ein Brückenschlag zu Martin Luther, der ja auch ein Prediger der Gnade war, kirchentrennend vielleicht nur deshalb, weil wir Dominikaner und die Katholiken überhaupt ihre Prediger der Gnade vergessen hatten (?!).

Es folgen einige Texte zu Salve Regina und O lumen.

Salve Regina

Herrscher stürzen vom Throne,
Schwester, in deinem Liede,
das uns immer wieder mitnimmt
in Gottes Menschenfreundlichkeit.
Nah – geschwisterlich – den Frauen Palästinas,
Lastenträgerin, eine von vielen,
in diesem Tal der Tränen.
Ein Segen ist dein offenes Ohr,
und dein Blick,
der von Angst und Verzweiflung uns heilt,
und das Kind,
das Heimat fand in deinem Schoße,
Bruder wurde den Gebeugten auf Erden.
Hände, die teilen,
Augen, die sehen,
Mutter, Schwester und Freundin,
Maria.

O Lumen
Thema und Variationen

Thema

O lumen Ecclesiae,
doctor veritatis,
rosa patientiae,
ebur castitatis,
aquam sapientiae
propinasti gratis,
praedicator gratiae,
nos iunge beatis.

Licht in Gottesfinsternis,
Zukunft uns erschließend,
Loblied noch im Löwenmaul,
Kunstwerk SEINER Liebe –
Fragenden teilst du dich mit
antwortend und fragend,
Anwalt einer Gegenwart:
Brot und Wein und Obdach,
Brot und Wein und Obdach.

Variation 1

Kirche – catholica und semper reformanda. Wer leuchtet dir heim zu den Kumanen?
Wer lehrt dich die Wahrheit der Ketzer?
Wer steckt dich an mit Leidenschaft für alle Gebeugten auf Erden?
Wer zeigt dir die Umarmung, die nicht Besitz ergreift?

Wer öffnet dein Herz, deinen Mund, deine Hände, dass du verteilst, was dir in Fülle gegeben?
Wer predigt dir, die du oft so gnadenlos bist, die Gnade?
Wer bindet dich neu an dein Amt,
Sakrament der alles verbindenden Liebe zu sein?

Elemente einer Antwort bei Domingo de Guzmán, verblassende Erinnerung an seinen Weg bei denen, die ihm täglich ein „O lumen" singen.

Variation 2

Licht, das leuchtet
in die Gottvergessenheit
der Kirche,

Lehrender
und Lernender,
der dem
geschändeten Wort
wieder Glanz und Würde
verleiht,

leidenschaftlich
Liebender,
der mitleidend lebt
mit den Leidenden,

menschenfreundlicher
Gottesfreund
und Kunstwerk
nicht-besitzergreifender
Liebe –

deine Weise zu leben
lässt Menschen fragen
nach dem, was dich bewegt,
und gerne
teilst du dich mit,

Mächtigen
und Allmächtigen
vermittelst du
eine Ahnung
von der Schönheit
des Miteinander,
des Dienens und
Beschenktwerdens,

lass uns alle
durch das Verweilen
bei dir
das Glück von Gottes Volk
nicht nur erahnen,
sondern auch erleben.

Variation 3

tausendmal
gesagt gesungen
„... ebur castitatis ...“
im welschen Versteck
ein Hauch
wie von Engelszungen
im ekstatischen Tanz
des Fleisches um das Fleisch
verhökert

um ein Spottgeld
auf dem Jahrmarkt der Eitelkeiten
das Kunstwerk sich verströmender Liebe
kaum ritzte der Verlust unsre süchtige Haut
bis nach hundert Jahren
oder waren es tausend
ein Dickicht von Dornen und Disteln
durchlässig wurde
verwunschene Tore sich öffneten
und Menschen von hüben und drüben
Hand in Hand
Arm in Arm
Wange an Wange
her und hin die Grenze
annullierten
in einer märchenhaften Nacht
das verlorene Kunstwerk
wiedererstellten:
„… ebur castitatis …"
Liebe die nicht Besitz ergreift
am nächsten Morgen schon wieder vergessen
in der Sucht nach der schnellen Mark
in der Angst Mark und Pfennig zu teilen
aber irgendwo blüht
die Rose Geduld
sprudelt die Quelle heilender Weisheit
meldet zu Wort sich
die Wahrheit hinter unseren Wahrheiten
lässt sich finden das Glück

V

Des Volkes Frömmigkeit

Kreuzweg und Rosenkranz

Kreuzweg Auschwitz

1.
Hier
saß er
hinter dem Schreibtisch
Herr über Nummern ohne
Rechte

2.
Tag
für Tag
gehst du aus
aber Freiheit bleibt ein
Traum

3.
Prothesen
sprechen von
Lebensleid und Lebensmut
vom Verbrechen das euch
widerfuhr

4.
was
haben sie
dir angetan? Hunger
tötet – du lebst – aber
wie?

5.
Widerwillig
gehst du
den schlammigen Weg

musst ihn gehn immer
wieder

6.
Im
grellen Licht
der Lagerlampen zärtlich
fast das Filigran des
Stacheldrahts

7.
Aus
der Tiefe
ruft ein Volk
und lässt sich nicht
trösten

8.
Kommt
in Scharen
mit zu leiden
und betet um versöhntes –
Auferstehn

9 .
Segnet
oh IHN
und seid gesegnet
die ihr dem Dunkel
widersteht

10.
Der
winterliche Märchenwald

tut sein Bestes
das Trauma erträglich zu
machen

11.
Ein
Tag orgiastischen
Mordens in Majdanek
sprachen sie blasphemisch vom
„Erntefest“

12.
Ist
da nach
Sintflut und Eismeer
Ersticken und Aschenflug ein
Zuhause

13.
Wir
werden noch
in Abrahams Schoß
die Schatten Oswiecims ertragen
müssen

14
Ein
frommer Wunsch:
Es möcht der
Schmerz noch den Beton
zerreißen!

(14 Meditationen zu den Kreuzwegstationen. Die Texte zu den Stationen 1-8 verdanken sich dem Bildband Adam Bujak, Oswiecim, o.J., die Texte zu den Stationen 9-14 dem Bildband Auschwitz heute mit den Fotografien von Martin Blume Berlin/Bonn 2015.)

Via crucis

Wer sein Kreuz annimmt,
es trägt so wie du, Maria,
dem wird Christus Jesus
der Retter sein.

Wer mit Jesus
bangt und zittert
wie du, Maria,
der erfährt Befreiung
in Angst und Not.

Wer die Folter
miterleidet
wie du, Maria,
der weiß sich getragen
in seinem Leid.

Wer in Spott und Hohn
zu ihm steht wie du, Maria,
wird auch über Spötter
erhaben sein.

Wer das Kreuz mit ihm
getragen
wie du, Maria,
der wird selbst vom Kreuz
getragen sein.

Wer den Tod mit ihm
erleidet
wie du, Maria,
wird mit ihm verherrlicht
und auferstehn.

Litauische Kreuze

Wo immer Menschen lachen und leben:
Zeichen des Todes gegen den Tod –
Kreuze, wo die Wege sich kreuzen,
Menschen vom Tode bedroht.

Kreuze erinnern an den Gerechten,
der gut wie Brot, wie Gott zu uns kam,
der lebendig war wie sonst keiner
und unsern Tod auf sich nahm.

Kreuze erzählen unsre Geschichte,
rücken die Todesopfer ins Licht,
und die schon als Sieger sich wähnten,
haben das letzte Wort nicht.

Kreuze sind Sakrament und Geheimnis,
ziehen in Zweifel, stellen sich quer;
Brot gebrochen, Wein für die Armen,
Herr, unsre Becher sind leer.

4.7.1997

Der Rosenkranz

Eine dominikanische Tradition

Es mag überraschen, dass gelehrte Dominikaner seit vielen Jahrhunderten ein einfaches Volksgebet gefordert und weiterentwickelt haben – den Rosenkranz.

Rosenkranz – einst

In vielen religiösen Traditionen ist sie bekannt, die Zählschnur mit den Perlen, mit der schriftunkundige Menschen das Maß ihrer einfachen Gebete ermaßen. Sie fand Eingang auch in die mittelalterlichen Klöster, deren Mönche aus großen Antiphonarien den Psalter und viele andere biblische Gebete sangen. Die vielen Laienbrüder und Schwestern konnten da nicht mithalten, geschweige denn die große Masse der Gläubigen, die doch auch gerne am kirchlichen Gebet sich beteiligt hätten. Ihnen kam das meditative Wiederholen der immer gleichen Gebetsworte entgegen, wussten sie doch, dass es letztlich nicht auf die Worte, sondern auf die von Gottes Geist bewegte Regung des Herzens ankam.
So bildete sich in einem langen Entwicklungsprozess die heutige Form des Rosenkranzes heraus. Anstelle der endlosen Wiederholungen der asiatischen Tradition, die sich auch im Jesus-Gebet der russischen Kirche widerspiegelt, kam es zu den 150 Perlen des Rosenkranzes, wohl eine bewusste Analogie zu den 150 Psalmen des biblischen Psalters, die das monastische Beten speisten. Auch fanden die westlich-wissenschaftlich geprägten Dominikaner heraus, dass der durchschnittliche abendländische Mensch nicht zu lange um ein Bild und Geheimnis kreisen kann. Zehn Paternoster lang, später zehn Ave Maria lang schien eine ausreichende Verweildauer. Der systematische Geist der

Dominikaner gliederte die 150 Perlen in drei große Zyklen, die möglichst vollständig die christliche Erfahrung mit Gott wiedergeben sollten: der Zyklus um die Menschwerdung Gottes in Jesus, der Zyklus um das Leiden des Menschensohns und der Zyklus um Auferstehung und Vollendung. Um der Gefahr der mechanischen Absolvierung vorzubeugen, stellten sie jedem Gezehnt die größere Perle des Vaterunsers voran und ließen die Meditation in der Doxologie „Ehre sei dem Vater …" auslaufen.

Rosenkranz – heute?

Vielen heutigen Menschen, auch den Dominikanern selbst, ist die Meditationsweise des Rosenkranzes fremd geworden. Der rationale Zuschnitt des Lebens erschwert das um ein Geheimnis kreisende schauende Gebet, die vielen Wiederholungen ermüden ein auf ständige Sensationen verwiesenes, konsumgewohntes Leben, und der marianische Urgrund des Rosenkranzes hat oft keinen Sitz im Leben des heutigen Christen.
Dabei könnte der Rosenkranz gerade heute ein notwendendes Hilfsmittel der Meditation sein. Unsere Zeit hat ein Gefühl für die leibseelische Verfasstheit des Menschen. Der Rosenkranz, oft haben wir ihn als Geschenk erhalten, kann stehen für die Geschenkdimension unseres Lebens überhaupt. Zudem macht er sich durch seine Materialität in meiner Tasche, in meinem Leben bemerkbar. Er drängt sich mir in die Hand, er lädt sich ein und lässt meine Finger den Geheimnissen Gottes in Jesus nachspüren. Er kommt mir auch entgegen in den häufigen Stresssituationen, in denen ich müde und überfordert bin. Er ist schon eine geprägte Form, die aber so offen ist, dass ich sie mit meinem Leben erfüllen kann. Er bietet mir die Bilder an, um die ich kreisen darf, Bilder, die so einfach und stark sind, dass ich sie auch beim Warten auf die Straßenbahn, beim Gehen durch die Stadt betrachten kann. Bilder, die offen sind, auf alle Not unserer Zeit hin.

Mit den Augen Marias

Gottes Geist fand einen Ansatzpunkt bei der jungen Frau Maria in Nazaret, er will auch heute noch Gestalt annehmen, warum nicht in den Beschlüssen des Sicherheitsrates. Maria trägt die Frucht ihres Leibes, das Gottesgeschenk zu den Menschen, auch heute braucht es Christusträger, wir könnten es sein, auch beim Autofahren. Das Leben Jesu erweist sich als Verwirklichung der Ehre Gottes durch Frieden auf Erden; wir verweilen bei Gott, wenn wir mit Herz und Hand bei den Friedenstiftern verweilen. Was wir empfangen haben weiterzugeben, ist Freude und Opfer zugleich, jede Mutter, die das Leben ihrer Kinder liebt, weiß das; warum nicht betend verweilen bei Gott, der bei Maria ist und ihren Schwestern, den Müttern mit ihren Kindern. Gott lässt sich verlieren, suchen und finden; vielleicht zeigt mir die Meditation, wo er sich in meinem Leben finden lässt. Wie viele Menschen gibt es, deren Schicksal ich im Schicksal des blutschwitzenden, gefolterten, verspotteten, kreuztragenden, gekreuzigten Jesus wiedererkenne, und wieviel Hoffnung brauche ich, um der Verheißung von Auferstehung und Leben, von Geist und Vollendung trauen zu können.
Rosenkranz also ein Stück Leben, Gebet mit Herzen, Mund und Händen, Verweilen bei Gott, betendes Nahesein bei Jesus. Gar nicht in erster Linie marianisches Gebet. Vielleicht so zu verstehen: Wir lassen uns von unserer Schwester Maria einladen, mit ihr zu teilen, was ihr heilig war. Wir lassen uns von ihr sozusagen ein altes Fotoalbum zeigen, in dem sie die Bilder aus ihrem Leben mit Jesus gesammelt hat. Die zehn Ave sind jeweils der Raum und die Zeit, die wir uns von Maria schenken lassen, um die Bilder auf uns wirken zu lassen. In diesem Zusammensein mit den Bildern, die Maria uns zeigt, die wir mit ihren Augen versuchen zu sehen, darf unser Herz sich wohl fühlen in der Nähe Gottes, darf unsere Phantasie aufblühen zu allerpersönlichsten Wegen zur Meditation.

Und wenn der Rosenkranz schon eine Gebetsweise ist, die auf Herz und Mund und Hand angewiesen ist, warum sollten wir nicht gemeinsam mit andern neue Weisen des Meditierens finden: Lied, Antiphon, Reigentanz und meditatives Sichwiegen in Gottes Liebe, die wie ein Ring, wie eine Kette, wie ein Perlenkranz kein Ende und keinen Anfang kennt. Der Reigen der Menschen, der sich einschwingt in Gottes Herrlichkeit, der Reigen der Menschen, der geboren ist aus Gottes Liebe von Anbeginn.

Pilgerlied

Die Straßen voll Autos und Menschen,
so viele, und trotzdem allein.
Doch Mirjam aus Nazaret trägt ihren Sohn,
trägt ein Licht in unsre Welt hinein,
trägt Jesus in Angst und Einsamkeit hinein.

Die wohnen im Haus ohne Hüter
und gehn aneinander vorbei,
sehn Mirjam von Nazaret und ihren Sohn:
Die gefangen waren, werden frei,
ein Ruf – die gefangen waren, werden frei.

Die Augen, die blind waren, sehen,
erkennen: Die Schuld ist zu groß,
doch Mirjam aus Nazaret bleibt ihnen treu
mit dem toten Sohn in ihrem Schoß,
bleibt treu trotz des toten Sohns in ihrem Schoß.

Die Lieder von einst sind vergessen,
zu viel ist an Unheil geschehn,
doch Mirjam aus Nazaret singt uns ihr Lied,
singt von Widerstand und Auferstehn,
ihr Lied singt von Widerstand und Auferstehn.

(Geschrieben für die Wallfahrt in Oberelchingen.)

Rosenkranzlied

Pilgerin, Hoffende auf Menschenstraßen
bergender Mutterschoß heiligem Geiste,
Mutter dem Menschensohn,
Schwester der Menschen
und Gottes neuer Welt heimlicher Anfang.

Mundi melioris origo,
Consolatrix afflictorum,
Salus infirmorum,
Sedes sapientiae.

incarnatio

Was einst mit Hand und Fuß
uns in den Schoß fiel,
dein Kind, ein Menschensohn,
Heil uns von Gott her,
nahmst du in deine Hut,
hast es getragen,
begleitet und gesucht, dass wir IHN fänden.

passio

Du tauchst mit deinem Sohn
in Menschennächte,
stehst unter seinem Kreuz,
spürst seine Qualen.
Der Schmerz, der dich durchdringt,
macht dich zur Mutter
uns, deinem Menschenvolk, Schwester Maria.

glorificatio

Gott sucht sein Menschenvolk,
du ließt dich finden,
ganz Ohr für Gottes Wort
warst du ihm Wohnstatt und Übersetzerin,
leuchtendes Zeichen,
das uns die Richtung weist,
den Weg nach Hause.

Mundi melioris origo,
Consolatrix afflictorum,
Salus infirmorum,
Sedes sapientiae.

Mutteraugen mir geliehen

Mutteraugen mir geliehen,
Perlen gleiten, Rosen blühen,
Mantras bauen eine Steige
und ich bete, sinne, schweige.
Und ich geh an deiner Mutterhand,
Mirjam, bis in Vaters Land.

Deinen Freuden nachzugehen,
mit dir unterm Kreuz zu stehen,
zu besingen deine Krone,
die dir kommt von deinem Sohne –
und so gehe ich an deiner Hand,
Mirjam, bis in Vaters Land.

Läg ich auf dem Siechenbette
und hätt keine andre Stätte,
wär vom Abend bis zum Morgen
ich im Rosenkranz geborgen,
und so ging ich mit dir Hand in Hand,
Mirjam, bis in Vaters Land.

Incarnatio

In
deinen Schoß
gefallen das Glück
Selbstgefällige Richter fallen vom
Stuhl

Getragen
das Kind
durch den Dornenwald
blutenden Fußes Schritte zum
Frieden

Geboren
am Rand
was in den
Zentren noch niemand wahrhaben
will

Ein
Kind kommt
Greise dürfen gehen
ihr Lied mahnt die
Macher

Wiederfinden
was verloren
das rettende Wort
aufzurichten die von Richtern
Gebeugten

Licht im Dunkeln

Todes Schatten,
Finsternis
hielt die Welt
umfangen,
da ist dunklem
Mutterschoß
Gottes Wort
ergangen.

Hüllt sich
in Verborgenheit,
unerkannt
zugegen,
stiftet schon
vor Tag und Tau
Lobgesang
und Segen.

Findet Platz
im Futtertrog,
nah bei Mensch
und Tieren,
um, was arm ist
in der Welt,
froh nach Haus
zu führen.

Wer auf Wortes
Wegen geht,
wird vor Liebe
brennen,
und kann noch
in Grab und Tod
Vaters Hand
erkennen.

Alle, die
verloren sind,
wird sein Lied
erreichen,
Blinden, Lahmen,
Suchenden
Sakrament
und Zeichen.

Bei stiller Nacht

Bei stiller Nacht
zur ersten Wacht
ein Stimm begann
zu klagen;
ich nahm in acht,
was sie da sagt
voll Zukunftsangst
und Zagen.

Kuss und Verrat –
ein Schwert dringt ein –
die Unschuld muss
dran glauben.
Die Folter bohrt
sich ins Gebein,
die Schläger grin-
sen, schnauben.

Die Stirn durchfurcht
ein Dornenkranz,
gespitzter Nagel Krone,
genommen ist
ihm aller Glanz,
Willkür sitzt auf
dem Throne.

Das Todesurteil
ist gefällt,
das Kreuz ist da,
der Hammer.
Er trägt das Kreuz
zum Galgenfeld,
der Menschen Schuld
und Jammer.

Sterne und Mond,
das Sonnenlicht,
sie wollen nicht
mehr scheinen.
Den, der da fest-
genagelt ist,
den müssen sie
beweinen.

(Inspiriert von Friedrich v. Spee.)

Agnus Dei

Lamm, umzingelt
und umnachtet
aber Gottes Kraft

Lamm, gefesselt
und entmachtet
aber Gottes Kraft

Lamm, verspottet
und missachtet
aber Gottes Kraft

Lamm, beladen
und befrachtet
aber Gottes Kraft

Lamm, gekreuzigt
und geschlachtet
aber Licht vom Licht

(Nach einem sorbischen Agnus Dei von 1939. Text von Michal Nawka.)

Stigmatisiert

Tief sitzt die Angst
in uns,
und sie macht uns blind.
Lass uns geschehen
deinen heilenden Blick.

Brunnenvergifterin,
und: Sie lästert Gott.
Worte wie Schläge,
Lüge gebiert den Tod.

Der falsche Passvermerk
verletzt dich und kränkt.
Du kannst nicht schweigen
musst in den Untergrund.

Wer nicht mehr schweigen will,
nicht wegschauen kann,
geht einen Kreuzweg,
ist vom Tode bedroht.

Freiheit! Gerechtigkeit!
Geschwisterlichkeit! –
Worte, die lügen,
Worte, uns zu befrein!

Glorificatio

ER
in Todesrachen
der Tod hat
den Mund zu voll
genommen

ER
erfährt heute
was morgen erst
möglich: Geborgenheit den Opfern
schalom

ER
gedenkt unser
wenn wir gedenken
taut heiligen Geist unheiligen
Welten

ER
einer Mutter
Rätsel und Kind
zählt und verwandelt ihre
Tränen

ER
der Dornengekrönte
krönt die gekrönten
Häuptern jeglicher Krone unwürdig
schienen

Durch den Tod getragen

Knecht und Sohn
durch den Tod
ins Leben getragen
unsrer Nacht
unserm Tod
wird sein Morgen tagen

Der von Raum
der von Zeit
für immer entbunden
für uns da
heilend nah
aller Menschen Wunden

Sturm und Licht
Liebesglut
sein Geist uns gegeben
die da sind
hoffnungslos
blühen auf und leben

Die ihn trug
mit ihm ging
mit all ihren Fragen
sehen wir
für und für
durch den Tod getragen

Dienerin
arm und klein
nun trägst du die Krone
Goldes Glanz
Lichtes Schein
kommt von deinem Sohne

VI

Ökumene und Frieden

Erbe als Auftrag

Die Erde ist wie ein Zelt

Ich möchte beten können,
so wie ich es als Kind gelernt habe,
ich möchte glauben können, dass du groß bist, Herr.
Von ganzem Herzen möchte ich bejahen können,
dass du mit menschlichen Begriffen nicht zu fassen bist,
und dennoch nahe jedem, der dich sucht.
Den Himmel hast du wie ein Zelttuch ausgespannt,
die Menschen sollten auf der Erde wohnen
wie in deinem Zelt;
doch wir befürchten, dass dies Zelt zu klein geraten ist,
wir haben Platzangst, wir, deine 3 Milliarden, 6 Milliarden,
10 Milliarden Kinder.
Noch unsere Väter sahen dich auf Wolkenwagen fahren,
sahen dich reiten auf dem Rücken des Windes.
Wir fürchten den Wind,
der Wolken Atomstaubs über die Länder der Erde treibt.
Der Sturm ist dein Bote, der zuckende Blitz dein Diener,
so heißt es im Psalm.
Wir werden im Fernsehen Zeugen der Sturmflut,
die Tausenden Tod und Hunderttausenden
Obdachlosigkeit bringt.
Die Alten erlebten die Erde als deine Gründung,
die nicht zu erschüttern ist.
Wir aber haben das unangenehme Gefühl, auf einem
Pulverfass zu sitzen,
an das die brennende Lunte „Revolution"
sich unaufhaltsam heranfrisst.

Du hast das Meer in seine Schranken gewiesen,
du ließest Berge
und fruchtbares Land entstehen,
Quellen und Flüsse,
Bäume und Sträucher, reichliche
Nahrung für Mensch und Tier.
So klingt es in den Hymnen der Väter.
Wir aber sehen auch, was du uns nicht gegeben hast:
die Fähigkeit, die Güter deiner Erde richtig zu verteilen.
Brot, das den Hunger stillt, besitzt von Dreien einer,
Wein, der das Herz erfreut,
ist für die allermeisten unbekannt.
Die Wälder haben wir entlaubt durch Pflanzengifte,
die Tiere vergiftet durch die Produkte unserer Zivilisation.
Vielleicht sind wir nahe daran, an unseren eigenen Werken
zugrunde zu gehen.

Suchen und fragen

2. Klagende hören, Trauernde sehn, / aneinander glauben und sich verstehn, / auf unsre Armut lässt Gott sich ein: / so spricht Gott sein Ja, so stirbt unser Nein.

3. Planen und bauen, Neuland begehn, / füreinander glauben und sich verstehn, / leben für viele, Brot sein und Wein: / so spricht Gott sein Ja, so stirbt unser Nein.

T: Michel Scouarnec, deutsch: Diethard Zils, M: Jo Akepsimas

„Exil“

Oft hab ich die Fremde als Heimat erfahren,
trank selten meinen Wein allein,
es teilten Slowenen mit mir und Bulgaren,
und Türken luden zum Fest mich ein.

In Warschau standen die Türen mir offen,
in Portugal war ich willkommen, in Prag,
im kroatischen Karst hab ich Freunde getroffen,
war Mensch unter Menschen in Diest und Den Haag.

Auch meine Heimat soll Fremde nicht bleiben
Tamilen und Kurden in ihrem Exil,
die „Türken raus“ an Häuserwände schreiben,
setzen auch mich und mein Haus aufs Spiel.

„Deutschland uns Deutschen“, Parolen vom Töten,
so fing es doch schon einmal an;
Erinnerung ist uns vonnöten,
Gedenken, das Schlimmstes verhindern kann.

Hassan, wir werden dich weiter besuchen
in deinem und in unserm „Exil“,
uns schmeckt der türkische Wein und dein Kuchen,
und Brücke zu sein ist auch unser Ziel.

(„Exil“ ist der Name eines türkischen Restaurants in Bottrop, das mehrmals Opfer von rechtsradikalen Anschlägen wurde.)

Den serbischen Schwestern und Brüdern

Hineingenommen wart ihr in den Goldgrund der Ikonen
umspielt von Wellen tröstenden Gesangs
Lippen näherten sich dem Geheimnis
vom Wachs der Kerzen lebte das Gebet
dem dunklen Schoße eurer Kirche
entwuchsen Kinder zu Gottes Volk und rechtem Glauben
Euch taten sich Fenster des Himmels auf
Jetzt lasst ihr Bilder der Hölle erstehen
Gesang aus biblischen Tiefen
ersticken die Lieder vom Sautanz
Lippen die den Himmel küssten
halten die tödliche Waffe bereit
Genügt euch nicht mehr das Licht eurer Kerzen –
müssen darum brennen die Häuser der Nachbarn?
Nekrophil verbrüdert ihr euch mit dem Messer
autistisch seid ihr euch selbst die einzigen Nächsten
über Nacht bracht ihr ab
alle Brücken zum Nachbarn
Verflucht ihr uns deshalb
weil ihr von uns gelernt habt
den Tod der „ein Meister aus Deutschland“ war?
Ich aber weine
weil ihr meine verlorenen Brüder und Schwestern seid

Srpskim sestrama i braći

Zlato ikona vas je u sebe primilo
i valovi utješnog pjeva okruživali su vas
Usne su se bližile tajni
a molitva je živjela od voska svijeća
iz tamnog majčinog krila vaše crkve
izrasla su djeca u božji narod i pravu vjeru
Vama su se otvarali prozori raja
a vi sad stvarate slike pakla
Pjesme iz biblijskih dubina
kolinjskim su pjesmama zagušene
usne što su ljubile nebo
drže ubojito oružje
nije li vam dosta svjetla vaših svijeća –
moraju li stoga gorjeti kuće susjeda?
Nekrofilski se bratimite s nožem
autistički ste sami sebi jedini bližnji
preko noći ste porušili
sve mostove prema susjedu
Proklinjete li nas stoga
što ste od nas naučili
smrt, koja je bila „majstor iz Njemačke“?
A ja plačem
jer vi ste moja izgubljena braća i sestre

Schwerter zu Pflugscharen

Jesaja spricht von einer ganz gewöhnlichen Angelegenheit. Jeder in Israel kannte den Berg, der den Tempel trug, den Tempelberg in Jerusalem. Ein Heiligtum, eine Wallfahrtsstätte, zu der man hinaufstieg, um dort den Gott Israels zu feiern.

Aber niemand wäre auf den Gedanken gekommen, dass dieser Berg, der ja eigentlich nur ein Hügel war, sich einmal aufschwingen würde zum höchsten Gipfel der Erde, der alle Hügel überragen sollte, ja selbst die Achttausender des Himalaja.

Und noch weniger hätte man sich träumen lassen, dass eine weltweite Völkerwallfahrt zu diesem Heiligtum des Gottes Israels einsetzen würde. Dass die Völker dieser Welt Ausschau halten sollten nach den Weisungen dieses Gottes, dass dieser Gott sozusagen die Rolle eines allseits anerkannten Weltfriedensgerichtes spielen sollte. Auch ist der Gedanke schwer vorstellbar, dass es den Völkern nicht mehr um Taufe oder Beschneidung, um Rom oder Wittenberg, um Scharia und Koran oder um absolute Selbstverwirklichung und Gewinnmaximierung geht, sondern um die Abschaffung der Waffen und des Krieges, um die gemeinsame Sorge um das tägliche Brot für alle, um das Fest der Völkergemeinschaft, wo sie alle miteinander den Wein der Freundschaft und Geschwisterlichkeit trinken.

Aber gerade das ist die Vision des Jesaja, das Wort, das er heraushört aus den religiösen Erfahrungen Israels. Und diese Vision, dieses erlauschte Wort beruht auf einer Wirklichkeit, einer schon gegebenen Realität: Es ist der Berg Zion, der Aufstieg zum Tempel, die Wallfahrt, die Thora, das Buch, die Bibel mit den gesammelten Ahnungen des Volkes Israel, die für Jesaja weit über das hinausweisen, was im Augenblick real erfahrbar wird.

Seine Vision wird von vielen als Utopie angesehen, sie hat keinen Topos auf dieser Erde, es gibt kein Biotop hier, wo diese Vision wachsen, gedeihen, aufblühen könnte. Wir werden nach wie vor auf der Hut sein müssen, wir werden den Waffen und dem Markt vertrauen müssen. So die Realpolitiker dieser unserer Welt.

Und die Real-Theologen der religiösen Welt, die sprechen dann von der eschatologischen Vision der heiligen Bücher. Diese endzeitlichen Bilder werden erst real, wenn Gott endgültig am Ende der Zeiten sein himmlisches Reich aufrichtet. Was bei vielen religiösen Menschen zur Einsicht führen kann, dass die Sonne der Gerechtigkeit in der realen Welt letztlich noch nicht aufgehen kann, wie es viele dann in einen „Schlaf der Sicherheit" fallen lasst: Gott wird am Ende der Zeit letztlich alles schon richten und zum Guten wenden. Dagegen singt allerdings ein altes christliches Lied an, das uns bitten lässt: „Sonne der Gerechtigkeit, gehe auf zu unsrer Zeit, brich in deiner Kirche an, dass die Welt es sehen kann." Ein Lied, das um einen Weckruf fleht: „Weck die tote Christenheit aus dem Schlaf der Sicherheit." Aber diese Bitten hätten doch keinen Sinn, wenn sie erst in Erfüllung gehen könnten, wenn alles schon mit dieser Welt gelaufen ist. Deshalb also: Gerechtigkeit jetzt, in der Kirche, wie sie auf dem Weg ist mit Jesus, den sie als den Auferstandenen, die Wiederaufgerichteten erfährt, als sie noch ganz am Anfang ihres Weges stand und sich selbst als die Erlöste sah, der schon Gerechtigkeit widerfahren ist, damit sie diese Gerechtigkeit weiterschenkt an alle Gebeugten und Verdammten dieser Erde. Geweckt werden sollen wir aus unserem Schlaf der Sicherheit doch nicht erst von dem Wecker, der zum Jüngsten Gericht ruft, geweckt werden sollen wir zum Leben mit den Menschen hier auf Erden und für sie, weil sie doch alle Gottes Kinder sind, was sie ja nach Jesaja auch alle schon erahnten und erhoffen. Für Jesaja ist es schon Wirklichkeit: Gott spricht Recht im Streit der Völker, er weist viele Nationen zurecht. Und Jesaja sieht schon, wie die Völker reagieren:

„Pflugscharen schmieden sie aus ihren Schwertern und Winzermesser aus ihren Lanzen. Man zieht nicht mehr das Schwert,

Volk gegen Volk, und übt nicht mehr für den Krieg." Er sieht es jetzt schon: Sie wollen nicht mehr bis zu den Zähnen bewaffnet sein, sondern miteinander die Frucht der Erde genießen; sie brauchen nicht mehr eine Politik der Stärke, sondern trinken miteinander die wunderbare Frucht der Erde, den Wein der Geschwisterlichkeit. Auch wir hier stehen in der Tradition dieses Jesaja, denn wir feiern ja das Brot, das Jesus nahm, mit dem er danksagte, es brach und austeilte mit den Worten: Nehmet und esset alle davon. Und wir feiern auch den Kelch mit Wein, den Jesus nahm, den Wein, für den Jesus danksagte, den er weiterreichte mit den Worten: Nehmet und trinket alle daraus, das ist der Kelch eines Bundes, das Bundesblut, das für euch und für alle vergossen wird.
Jesaja weiß auch, dass die Völker noch nicht alle unterwegs sind, dass die Völker noch nicht alle von Frieden und Geschwisterlichkeit überzeugt sind. Aber er weiß, dass die Vision schon in der Welt ist, dass sie gelebt werden will von Menschen und Völkern überall in der Welt. Er weiß auch, dass, was noch fehlt an gelebtem Vertrauen in die Kraft der Vision, darf uns nicht hindern, sie jetzt schon zu leben. Darum sein Aufruf an die Kinder Israels, an die Töchter und Söhne aus Jakobs Haus, und wir, die wir die Botschaft der hebräischen Bibel lieben ebenso wie ihr Weiterleben in der Geschichte Jesu, der neutestamentlichen Jesusbewegung wie auch der christlichen Kirchen, dürfen uns da mit angesprochen fühlen: Kommt, wir wollen unsere Wege gehen im Lichte des Herrn. Diese Bewegung des Kommens, jetzt schon, obwohl noch nicht alle mitkommen, ist zugleich schon die Bewegung des göttlichen Kommens. Advent, adventus, Kommen, Ankunft. Unser menschliches Kommen, das Schritt für Schritt die Welt friedlicher macht, und Gottes Kommen, der diesem Friedenswerk seinen schöpferischen Segen gibt.

Der aus der Folter kam

Alberto Libanio Christo ist einer jener zehn Dominikaner in Brasilien, die Ende der sechziger Jahre Gefängnis und Folter erdulden mussten, da sie mit politischen Gegnern der brasilianischen Militärregierung in Verbindung standen. Frei (Bruder) Betto, wie er sich am liebsten nennt, war ein junger Ordensmann von nicht dreißig Jahren, als er vier entscheidende Jahre im Gefängnis der Militärs zubringen musste. Nach der Gefängniszeit wirkte Frei Betto als Begleiter von Basisgemeinschaften, die ihm eine ganz neue Sicht auf die Kirche vermittelten. Zusammenkünfte in Arbeiterwohnungen, in Scheunen und ländlichen Kapellen öffneten ihm die Augen für die Kirche des Volkes, die Kirche der Armen, die immer deutlicher spüren, dass Gott durch die Bibel gerade sie anspricht, und dass er will, dass die Menschen frei sind. Hier entdeckte er eine Liturgie ohne jeden Formalismus, die die Gefühle und den Kampf der Menschen ausdrückte. Zusammen mit den Menschen aus den Basisgemeinden erfuhr er die spontane Bruderschaft und Schwesternschaft all derer, die, kirchlich oder nicht, gläubig oder nicht, für die Befreiung der Unterdrückten kämpfen. Heute arbeitet er unter und mit den Arbeitern in den Vorstädten von São Paulo. Einen Monat im Jahr verbringt er in Nicaragua. Dieser Dominikaner, der im buchstäblichen Sinn des Wortes ein Bekenner, ja ein Märtyrer des Glaubens ist, hat für uns eine wichtige Botschaft, über die Vorgänge in Lateinamerika, über unsere Rolle in der Weltkirche, über die Art und Weise, wie Gott heute zu den Menschen spricht.

Brasilien

Brasilien gilt heute im internationalen Maßstab als „Schwellenland“, das heißt, es steht auf der Schwelle zur exklusiven Gesellschaft der reichen Industrienationen. Die Bilanzen von VW und Erfolgsmeldungen der brasilianischen Atomindustrie versuchen, diesen Eindruck zu erwecken; wie es wirklich aussieht, beschreibt Frei Betto etwas anders:

„Brasilien lebt im Augenblick in einer sehr schwierigen Situation. Es muss von absolutem Elend gesprochen werden. Im vergangenen Jahr hatte Brasilien eine Inflation von 113 Prozent. Von den 120 Millionen Einwohnern haben nur 38 Millionen Arbeit. Von diesen verdient 70 Prozent weniger als ein oder zweimal den brasilianischen Mindestlohn (120 Dollar im Monat). Und eine kleine Wohnung kostet durchschnittlich 100 bis 120 Dollar Miete im Monat. Die Preise für Grundnahrungsmittel wie Reis sind sehr hoch. Um einigermaßen leben zu können, müsste man mindestens fünfmal den Mindestlohn verdienen. 26 Millionen Kinder vagabundieren im Land herum; sie gehen nicht zur Schule. 10 Millionen Brasilianer sind krank infolge von Unterernährung während ihrer Kinderjahre.

Die Zeiten, da Terror und Folter das Land regierten, scheinen vorbei zu sein. Die brasilianische Militärregierung ist auch in westlichen Demokratien wieder hoffähig geworden. Frei Betto korrigiert dieses allzu freundliche Bild:

Die Regierung will eine Demokratie, ohne die Diktatur abzuschaffen. Das ist unmöglich. Zwischen der Regierung und dem Volk besteht eine große Spannung. Der Staat merkt, dass der ‚Liberalisierung' Grenzen gesetzt sind, weil sonst das System in Gefahr gerät. Aber der Staat weiß, dass sich etwas zusammenbraut. Er bedient sich der Pädagogik des Hochdruckkessels: ab und zu etwas Dampf ablassen. Danach ist es wieder ruhig. Trotzdem wächst die Volksbewegung, aber sie ist noch nicht stark genug, die Macht des Staates anzugreifen."

Theologie und Pädagogik der Befreiung

Bei uns in Europa wird viel über die Theologie der Befreiung diskutiert. Die einen sind von ihrem revolutionären Gedankengut begeistert, die anderen sehen in ihr nichts anderes als eine Verkürzung und Verfälschung des geoffenbarten Glaubens. Für Frei Betto ist Theologie der Befreiung nicht ein akademisches Lehrfach, sondern eine Praxis, die er so beschreibt: „Unser Ziel ist es, den Menschen beim Aufbau der Volksorganisationen zu helfen. Wir wollen mitwirken bei der Volkserziehung, wollen beitragen zur politischen Bewusstseinsbildung. Dabei bauen wir auf dem Werk von Paulo Freire auf. Das sieht etwa so aus: Eine Gruppe von Arbeitern beginnt einen Lernprozess, um von der Phase des biologischen Lebens (essen, trinken, schlafen) zur Phase des historischen, biografischen Lebens überzugehen.
In der klassischen Pädagogik, die auch die Pädagogik der Linken ist, sieht das so aus: Man setzt die Leute vor eine Tafel und schreibt darauf verschiedene Begriffe wie Urkommunismus, primitive Produktionsweise, feudale Produktionsweise, kapitalistische Produktionsweise und so weiter. Die Leute hören zu und lernen die Worte, weil sie so reden wollen wie ihre Leiter. Sie verstehen aber überhaupt nichts davon. Das ist Salonpädagogik. Demgegenüber bringen wir die Menschen in kleinen Gruppen zusammen und lassen sie dann von ihrem Leben erzählen. Das Wichtigste tauschen wir dann in der großen Gruppe aus. Zum Beispiel: Jose, ein Arbeiter aus São Paulo, erzählt seine Lebensgeschichte. Er kommt aus dem Nord-Westen. Sein Vater war ein Bauer, der wegen der Trockenheit schlechte Ernten hatte. Darum musste er sein Land verkaufen. So wurde die Familie auseinandergerissen. Jose kam auf der Suche nach Arbeit nach Sao Paulo. Aber er wird entlassen, streikt, wird hin und her geschickt. Diese Geschichte setzen wir in Parallele zur Geschichte Brasiliens und machen eine Analyse der Vergangenheit. Joses Vater hatte noch etwas: seine Werkzeuge, seinen

Grund und Boden, seinen Ochsen; Jose hat nichts. Wir fragen Jose: Was wünschst du dir eigentlich für deine Kinder? Er sagt: Dass sie zur Universität gehen und den Doktortitel erwerben. Ist das möglich? – fragen wir dann die Gruppe. Nein, das ist angesichts der Situation absolut unmöglich, sagt die Gruppe. Die Kinder von Jose werden Arbeiter oder Banditen sein.
Mit dieser Arbeitsmethode lernen die Menschen in einem Tag drei Begriffe: Prä-Kapitalismus (= Joses Vater, der noch etwas hatte), Kapitalismus (= Jose, der nichts hat) und Sozialismus (= Joses Kinder: ohne grundlegende gesellschaftliche Veränderung werden sie nie auf die Universität kommen).
Dieselbe Pädagogik wenden wir auch an, um den Menschen eine biblische Sicht auf ihr Leben zu geben. Die Bibel ist ein ausgezeichneter Pädagoge. Auch in der Bibel wird das Leben nicht biologisch verstanden, sondern vor allem historisch. Die Bibel ist Geschichte. In der Bibel hat das Leben des Einzelnen auch immer mit dem Leben der Gemeinschaft, des Volkes zu tun."

Basisgruppen

Die Kirche der Bundesrepublik steht Initiativen von unten, von der Basis meist ablehnend oder zumindest skeptisch gegenüber. Der Protestcharakter vieler Basisgruppen in der Bundesrepublik ist vielleicht eine der Ursachen dieses Misstrauens. Ganz anders sieht Frei Betto die Situation der Basisgemeinschaften in der brasilianischen Kirche:
„Die Basisgruppen sind eine Volksbewegung. Darum ist auch keine Koordination auf nationaler Ebene nötig. Das ist eine wichtige kirchenpolitische Entscheidung. Koordination heißt doch: Man mietet ein Haus, baut ein Sekretariat auf, und so weiter. Dann heißt es sofort: Das sind die Schwestern von Unserer Lieben Frau oder die Brüder vom Heiligsten Herzen, und die sind fein heraus. Außerdem: Wenn ich eine Gruppe organisiere,

heißt das immer, dass ich mit irgend etwas nicht einverstanden bin, dass es eine andere Gruppe gibt, die mein Vertrauen nicht hat. Die Basisgruppen wollen etwas anderes. Vor allem sind sie ausdrücklich keine Protestbewegung gegen die Bischöfe. Viele Gruppen sind ja von den Bischöfen selbst ins Leben gerufen. Die Basisgruppen sind vor allem an der Veränderung der sozialen Strukturen interessiert. Die Veränderung der kirchlichen Strukturen kommt erst an zweiter Stelle. In Brasilien hat es noch nie einen Konflikt zwischen Priestern und Bischöfen gegeben."

Zusammenarbeit mit Kommunisten

In der Bundesrepublik herrscht, bedingt durch die geschichtlichen Erfahrungen mit dem Kommunismus Moskauer Prägung, eine tief verwurzelte Berührungsangst gegenüber Kommunisten. Für kirchliche Kreise hier ist die Unbefangenheit, mit der manche Priester und Ordensleute in Lateinamerika mit kommunistischen Gruppen zusammenarbeiten, schwer verständlich. Auch in diesem Punkt sehen Frei Bettos Erfahrungen etwas anders aus: „Wir haben in Lateinamerika keine theologischen Debatten über Christentum und Marxismus. Marxisten und Christen finden einander in der Revolution, im Kampf. Die Realität Lateinamerikas macht es möglich, dass eine neue Erfahrung entsteht: die Bruderschaft von Christen und Marxisten im Kampf. Wir lernen sehr viel von ihnen und sie von uns. Durch die Marxisten habe ich den Zustand meines Landes kennengelernt. Aber auch: Während meines vierjährigen Gefängnisaufenthalts kamen die Marxisten regelmäßig zu mir mit der Bitte, für einen Kameraden, der an den Folgen der Folter gestorben war, oder den die Polizei erschossen hatte, eine Messe zu lesen. Nicht so sehr, weil sie wirklich daran glaubten, sondern weil sie wie alle Südamerikaner von ihrem Wesen her religiös sind. Sie spürten, dass sie das brauchten. Ein alter Marxist hat mir im

Gefängnis gesagt: ‚Ich glaube nicht an den Glauben, aber ich glaube, dass du glaubst.' Sie nehmen also das Befreiende des Glaubens an und glauben, nicht so sehr an den Inhalt des Glaubens, aber an die Glaubenstat."

Glaube und Revolution

Aber wird man dem Glauben gerecht, wenn man ihn nur als Motivation für ein revolutionäres politisches Handeln sieht? Diesem Bedenken würde Frei Betto voll und ganz zustimmen: „Ich sehe zwei spezifische Beiträge des Glaubens. Der erste ist dieser: Der christliche Glaube lehrt uns, dass die Befreiung nicht nur eine wirtschaftliche oder politische Sache ist. Die Befreiung geht viel tiefer. Es geht um die Befreiung des menschlichen Herzens, jede Revolution hat eine mystische Dimension, die tiefer geht als die wirtschaftliche oder politische Dimension. Darum meine ich, wir Christen haben die Aufgabe, die Präsenz Gottes in der Geschichte, in der Befreiungsbewegung zu proklamieren. Gott selbst ist in unserer Geschichte gegenwärtig. Darum ist es auch ein christliches Missverständnis zu denken, dass die Marxisten keinen Gott haben. Sie sind ohne Glauben, aber nicht ohne Gott. Gott ist bei ihnen gegenwärtig.

Der zweite Beitrag ist dieser. Der Glaube lehrt uns, die Revolution als einen permanenten Prozess zu sehen, in dem das Reich Gottes offenbar wird. So wie ich einem Marxisten im Gefängnis sagte: ‚Wenn ihr an der Macht seid, werde ich immer noch subversiv sein, weil mein Engagement ein Engagement für das Reich Gottes ist.' Der Glaube hält also die Revolution offen."

Gebet und Revolution

Aber hat in einem so verstandenen Christentum das Gebet noch einen Platz und eine Bedeutung? Für Frei Betto ganz bestimmt: „Das Gebet ist die Art und Weise, unsere persönliche Revolution zu machen. Ich werde persönlich mehr revolutionär, mehr transformiert, verwandelt, je mehr Gott mich bewohnt. Gott ist der Herr meines Lebens. Und das ist möglich durch das Gebet, das mir erlaubt, als Kind Gottes zu leben. Das Mystische ist also für unser persönliches Leben, was die Revolution für das soziale Leben ist. Wie ich nicht für mich allein die Revolution machen kann – dazu braucht es ein Volk –, so kann ich mich auch nicht allein bekehren – dazu braucht es Gott. Gott ist in der Geschichte gegenwärtig, offenbart sich im Kampf der Unterdrückten. Mein Engagement für das Volk und mit dem Volk macht mich offener für den Vater. Aber ohne mein Beten an meinem Einsatz für die Unterdrückten zu messen, verfalle ich in einen Subjektivismus, in eine narzistische Haltung. Nur insoweit wir radikal empfänglich und offen sind, können wir am Kampf teilnehmen. Der Kampf beinhaltet, dass wir uns öffnen."

Gegenseitige Befragung

Viele europäische Christen stellen die neue Form des lateinamerikanischen Christentums in Frage. Vielleicht sieht es umgekehrt genauso aus. Erwarten Christen wie Frei Betto eigentlich noch etwas von uns, den Christen Europas?
Nein! Wir sind uns darüber klar geworden, wie schwer die Belastung des Kolonialismus für uns gewesen ist. Wir sind sehr froh, dass wir in der Lage sind, unsere eigene Pastoral und Theologie zu entwickeln. Wohl erwarten wir eine Haltung der Solidarität von Gruppen in Europa. Aber dann eine Solidarität, die kein neues Abhängigkeitsverhältnis schafft. Es ist mir auf

meinen Reisen in Europa sehr klar geworden, dass sich hier kleine Gruppen bilden, die ein ganz enges Band haben müssten mit dem Kampf, den wir in Südamerika zu führen haben. Aber nach meiner Überzeugung geht es absolut nicht an, dass Christen hier ihr Portemonnaie zücken und Geld zur Verfügung stellen, das wir dann gebrauchen dürfen. Menschen in Europa müssen sagen: Ich will mich persönlich engagieren für den Kampf des Industriearbeiters, des kleinen Bauern und so weiter. Nur auf diese Weise hat Europa das Recht, sich katholisch zu nennen und zwar universal katholisch.
Ihr müsst den Kampf hier führen.

Epitaph für Władysława

Jankowska Władysława
22
am 8.8.42
in Auschwitz
registriert
nummeriert
tätowiert
fotografiert
am 2.5.43
gestorben
in Auschwitz

Wer denkt heute noch
an Władysława Jankowska
eine von Millionen
die sie in Auschwitz ermordeten
Ich bin ihr begegnet
zwei weitaufgerissene Augen
nicht entsetzt
eher verwundert
„was macht ihr da mit mir?“
in einem blassen Gesicht
mit hohlen Wangen
und die Haare haben sie dir genommen
oh deine Augen
aus der endlosen Galerie der Häftlingsfotos
sehen sie mich an
und ich sehe dich
Władysława Jankowska
deine Träume
deine Freundlichkeit und Liebe
deine Angst

wir verstehen uns
Władysława
ich möchte dich umarmen
aber die unerbittlichen Daten
sagen: zu spät
nur eine Blume
an deinem Bild
sagte einen Tag lang
dass du für mich lebendig wurdest

Neunte Station in Bosnien

Zum dritten Mal
gesteinigt
das Haus des Imam:
Eigentum zerstört,
Leben gefährdet,
Menschen in Angst.
In diesem Teil der Erde
stört die islamische Gemeinde.
Soll sie zusammenbrechen
unter dem Kreuz der Mehrheit,
fallen unter den Fuß der Stolzen,
die sich für rechtgläubig halten.
Jesus fällt zum dritten Mal.

Zum dritten Mal attackiert
die Kirche des Hl. Elias:
Die Bibel verbrannt,
rauchgeschwärzt das Portal,
das Bild der Mutter
widerstand dem Angriff.
In diesem Teil der Erde
stört die christliche Gemeinde.
Soll sie zusammenbrechen
unter der Last der Mehrheit,
sich am Boden winden,
niedergestreckt von der Hand des Frevlers.
Jesus fällt zum dritten Mal,

Zum dritten Mal
ein Abschied ohne Wiederkehr:
Der dritte Sohn
lässt Haus und Land,

die alten Eltern
und seine eigene Geschichte
hinter sich
und folgt den Brüdern
nach Australien.
Denn in diesem Teil
der Erde muss sich jeder junge Mensch
als Störfaktor empfinden:
Niemand heilt die Wunden,
die der Krieg dem Lande
und den Menschen schlug,
wohin du auch blickst, Armut und Elend,
und das im reichen Europa,
und eine Zukunft,
die nicht vom Hass bedroht wäre,
ist nicht in Sicht.
Soll doch die Jugend
der Hoffnungslosigkeit anheimfallen,
dem Lande keine Chance gegeben sein,
vom tiefen Falle aufzustehn.
Jesus fällt zum dritten Mal.

Zum dritten Mal,
das klingt wie: hoffnungsloser Fall.
Aber da sind doch noch Menschen,
die sagen: Es muss weitergehn,
und sei es auch ein Lastenträgerweg,
und sei es auch ein Weg des Kreuzes!
Ihre Waffen können dich verwunden oder töten,
aber sie können auch den Blick nach oben lenken
und, ohne es zu wollen, Hoffnung wecken,
so dass du dem Bösen widerstehst bis aufs Blut,
dass du auferstehst – vielleicht –
ins Morgenrot des achten Tages.

Rosenkranz für Kroatien

Im 16./17. Jahrhundert, als das osmanische Reich der Türken das westliche Europa in Angst und Schrecken versetzte, nahmen viele entsetzte Christen ihre Zuflucht zum Rosenkranz. In der Betrachtung von Leben, Sterben und Auferstehen Jesu fanden sie Hilfe und Trost für ihr eigenes Leben angesichts des Todes in all seiner Grausamkeit, dessen Zeugen sie sein mussten, fanden sie den Grund für eine Hoffnung, die sie zu tatsächlicher Hilfe fähig machte. Der aktuelle Schrecken, dessen Zeugen wir heute sind, spielt sich in demselben Raum ab, der auch die Hauptlast der Türkenkriege zu tragen hatte, und eine Analyse des historischen Hintergrundes dürfte zeigen, dass manche Wurzeln heutiger Ereignisse bis in diese Zeit hinreichen. Vielleicht kann auch uns heute das Rosenkranzgebet bei der Konfliktbewältigung helfen.

Fast jeden Tag fahre ich mit dem Fahrrad nach Brühl, um dort eine kroatische Zeitung zu kaufen und mich aus erster Hand über den Krieg in Kroatien zu informieren. Der Weg ist nicht gefährlich, meist kann ich auf sicherem Radfahrweg fahren. Zeit für Gedanken und Beobachtungen, die meist nicht allzu tief loten. Aber manchmal wird die Fahrt zur Wallfahrt. Ich spüre den Rosenkranz in meiner Tasche, er lädt sich ein in meine Hand, und schon geht es los, meist mit den schmerzhaften Geheimnissen. Jesus in seiner Todesangst in Getsemani, blutiger Schweiß, das Gefühl des Alleingelassenseins, wie jetzt in Kroatien: schlecht bewaffnete Verteidiger gegen eine moderne Armee, Frauen und Kinder hilflos in den Kellern, Bomben lassen Erde und Menschen erzittern, die Ungewissheit des Schicksals so vieler lieber Menschen. Zehn Ave Maria lang bin ich bei ihnen, bei Jesus, ich singe die Melodie, die Menschen wie sie, Deutsche in der Bukowina, gefunden haben.

Jesus in der Hand der Soldateska, geschlagen bis zur Ohnmacht, und gefangene kroatische Gardisten in der Hand der serbischen

Freischärler, geschlagen, zerfetzt bis zur Unkenntlichkeit. Zehn Ave lang bin ich bei ihnen, bei Jesus. Ich singe gegen den Straßenlärm, gegen den Kriegslärm, singe mit der Melodie der orthodoxen Kirche, denn es muss doch auch wieder Frieden und Verständigung geben zwischen Serben und Kroaten, zwischen Katholiken und orthodoxen Christen.
Das dritte Bild: Jesus, ein Spottkönig, eingehüllt in ein purpurnes Tuch, mit einer Krone aus spitzigen Dornen, ein Fürst in Lumpen und Loden. Wie Kroatien, von Europa verspottet, indem es auf eine Stufe mit dem Aggressor gestellt wird, von serbischen Politikern verhöhnt, die ihm eine Selbstständigkeit zubilligen, die soviel Land umfasst, wie man vom Turm der Zagreber Kathedrale aus erblicken kann; aller Schmuck, den Jahrhunderte geschaffen haben, wird ihm genommen, brennende Dörfer und zerfallene Städte sind seine Krone. Zehn Ave lang verweile ich bei diesem erniedrigten, und dennoch stolzen Land, bei Jesus, dem Spottkönig, und singe, ihnen zu Ehren das Ave, wie es Mato Leščan, der Kantor der Frankfurter Kroaten, in Töne gesetzt hat, einer der Tausende, die Kroatien verlassen mussten, weichen mussten dem politischen und wirtschaftlichen Druck eines serbo-kommunistischen Staates. Inzwischen bin ich in Brühl angekommen. Einmal fiel mir ein Gedicht ein, das diese Situation ausspricht.

Täglich
kaufe ich das Abendblatt
in irrer Hoffnung auf den Frieden
und täglich unwahrscheinlicher
das Selbststverständliche
nachdenkliche Vernunft

Aber die Zeitung ist voll vom „Soldatenstiefel, der polternd einherstampft", und vom „blutbefleckten Mantel" – „wie uns Jesaja sagt" – „und hat ein Blümlein bracht mitten im kalten

Winter wohl zu der halben Nacht". Mag auch der Kaffee nicht schmecken angesichts des Terrors der Tatsachen, in aller Kälte des Krieges, in allem Dunkel der Unmenschlichkeit, da ist ein Blümlein Maria, und mit ihr geht es auf der Rückfahrt weiter. Zehn Ave lang bin ich bei ihrem Sohn, der sein Leben lang das Kreuz der Menschen getragen hat, es trägt bis zuletzt, das Kreuz, das ihn umbringt. Und ich sehe vor mir den jahrhundertelangen Weg des kroatischen Volkes, in einer Wetterecke unseres Kontinents, wo die Erde bebt und die Blitze nur so einschlagen. Zehn Ave lang bin ich bei Jesus, der das Kreuz trägt, und bei diesem Teil seines Volkes, der wahrlich das Kreuz kennengelernt hat. Und wieder sing ich in kroatischer Sprache das Mantra, wie es uns der evangelische Komponist und Kantor Oskar Gottlieb Blarr geschenkt hat, soll doch das Kreuz des Sohnes Marias erlösen, befreien, zusammenführen, die Grenzen überflüssig machen.

Bleibt das letzte, erschreckendste Bild vom Tode am Kreuz. Als Kind hoffte ich bei jeder Lesung der Passion, dass diesmal nicht der Mord das Ende sei; aber immer wieder: Hoffnung auf Auferstehung war nur zu haben durch den Tod hindurch. So auch heute, so auch jetzt im Fall Kroatiens. Immer wieder die Erfahrung der mörderischen Granaten, der mordenden Soldateska, der gleichmütig und/oder ohnmächtig Zuschauenden. Zehn Ave lang bin ich bei dem sterbenden Jesus und bei denen, mit deren Sterben er solidarisch war und ist. Und ich vertraue meine Hoffnung auf Auferstehung dem alten Adam Gumpelzhaimer an, indem ich zehnmal seinen wunderbaren Ave-Kanon singe, im Ohr den Chor von Deutschen und Kroaten. die den Kanon voll zum Klingen bringen, nach soviel Leid endlich die Harmonie des Friedens.

Und weil Beten kein frommes Alibi sein darf, ist meine Rosenkranzmeditation, so unvollkommen sie sein mag, auch Einladung zur Tat. Ich trinke einen Slivovitz bei meinem kroatischen Mitbruder, nehme am Telefon die Einladung an, am nächsten

Sonntag in der kroatischen Messe zu sprechen, feile an der Übertragung eines Gedichts aus dem Kroatischen, schreibe den soundsovielten Brief an Genscher, überlege, wann ich – trotz allem – wieder nach Kroatien fahre, verteile die Handzettel für die Kroatienhilfe, notiere mir den Termin für das Benefizkonzert, das Branimir, Wahlkölner aus Osijek, mit seiner Gitarre geben wird, ich lade ihn ein, beim Rosenkranzgebet in St. Andreas mitzuwirken, und plane einen festlichen kroatischen Abend beim Bildungswochenende der Gemeinschaft Katholischer Männer und Frauen im Kurhaus zu Münstereifel.

Seht ihr unsern Stern dort stehen

2. Menschen ohne Haus und Habe / atmen plötzlich wieder auf, / denn ein Kind ist uns geboren, / Welten ändern ihren Lauf. Gloria ...

3. Weil wir neues Leben suchen, / darum folgen wir dem Stern, / sammeln Gaben, singen Lieder / für die Menschen, für den Herrn. Gloria ...

T: Diethard Zils, M: aus Frankreich

VII

Pilger und Prediger

Laudare – benedicere – praedicare

Spaziergang des hl. Dominikus in der Landschaft um Caleruega

Hinter sich ließ er die lachende Plaza,
den small talk in der Taverne,
dann war nur noch der Klang seiner Schritte da.
Vom Pferch der Schafe wehte ein feiner Glockenton
auf den steinigen Weg.
Trockenheit knisterte unter seinem Fuß,
als er den Teppich des Grases betrat.
Windhauch spielte auf dem Instrument seiner Haut,
ein einsames Insekt summte die Begleitung,
bis dem Andante religioso plötzlich entwuchs
der wunderbare Cantus firmus der Distel,
die grandiose Melodie ihres Gelbs,
die die Spalten und Risse des Landes,
das ausgetrocknete Bett seiner Bäche
mit Hoffnung und Schönheit füllt.
Und wo die Partitur der Landschaft sie schweigen hieß,
schwelgte er weiter im Stern der Erinnerung,
der seinem Antlitz sich einprägte, erstrahlte auf seiner Stirn.
Im Intermezzo der Weingärten hörte er
die Musik des kommenden Festes:
das Brechen des Brotes, den sprudelnden Wein.
Aber sein Weg führte weiter, zurück ins Pianissimo der Wüste,
das dürre, lechzende Land ohne Wasser.
Und nichts war zu hören als die knisternde Trockenheit des
trostlosen Grases.
Aber war da nicht ein sanftes Singen ihm zu Füßen?
Ein ganzes Orchester von Bienen tanzte Ballett,
schrieb Zeilen von Lobgesang in die Landschaft,
Symphonie eines einzigen Tones in tausend Variationen,
der sich verdankte dem unscheinbaren Blühen
im scheinbar toten Gras,

das nur Bienen vernehmen.
Und dieser Ton trug ihn zurück in das Dorf:
Er dankte den Bienen, beugte sich nieder zum Gras,
grüßte die Weingärten und das Gelb der Distel,
sang ein Trostlied dem trockenen Land,
lauschte dem Summen von Wind und Insekt
und dem schüchternen Blöken der Schafe,
spürte die Musik des Weges unter den Füßen,
bis er wieder im Dorf war,
lachte auf der Plaza, Wein trank in der Taverne
und in den Menschen wiedererkannte,
was das kastilische Land ihn gelehrt.

Ein Loblied auf Thomas von Aquin

Auf jauchze
jubelnden Geistes
lobsingend
die Schar der Glaubenden,
denn einer neuen
Sonne Strahl
hat der Irrtümer
Nebel vertrieben.

Schon wird es
Weltzeitabend,
da Thomas
Gnadenschätze hebt,
er, den der Himmel
reich beschenkt,
zu wandeln die
Wege von Weisheit und Heil.

Aus seines
Lichtes Quell
erglänzen
die Fackeln
des Wortes,
das Gottgeheimnis
der Heiligen Schrift
und der Wahrheit
verlässliche Weisung.

Er leuchtet
im Strahl seiner Lehre,
bezaubert durch seine
Menschenfreundlichkeit,

ungute Zustände wandelt
seine Gegenwart,
die ganze Welt
taucht er in Freude.

Dem Vater Lob
und seinem Wort
wie auch
des Geistes Wehen;
als Thomasschülern
schenk uns Gott
mit ihm die Schau
der Seligkeit.

Die Gemeinschaft der Dominikaner von Bottrop

Dass Gott auch auf krummen Zeilen gerade schreiben kann, davon sprechen zwar viele, aber wenn er es mal versucht, sehen sie meistens doch nur die krummen Zeilen. Das musste auch der „Plankenschemm" erfahren, jene dominikanische sacra praedicatio, die leider nur für wenige Jahre von 1970 bis 1996/97 ein wichtiger Teil der Kirche im Ruhrgebiet sein konnte.
Krumm waren schon die Zeilen ihres Entstehens: Da war Markus Steindl in Walberberg in den 1960er Jahren (Priesterweihe 1966), wie viele junge Ordensleute und Priester verunsichert von den Umbrüchen in Kirche und Orden, Theologie und Pastoral, teilnehmend an den revolutionären Vorgängen der 1968er, die eine wirtschaftswundergesättigte, vermeintlich demokratische, jedenfalls bürgerliche Gesellschaft mit dem „Muff der (verdrängten) tausend Jahre" konfrontierten. Im Rahmen seines theologischen Studiums kam er, der wie viele seiner Mitstudenten auch mit dem Gedanken an den Austritt aus dem Orden spielte, zu einem Industriepraktikum im Bergbau nach Bottrop.
Die Begegnung mit den Bergleuten, die ihm wirkliche „Kumpels" wurden, war entscheidend für seine Berufung. Er wusste plötzlich: Hier, bei diesen Menschen, die in der Extremsituation ihres Arbeitsplatzes tausend Meter unter der Erde in völlig säkularer Weise sich selbst für ihre Familien und ihre Kumpels investierten, ist mein locus theologicus. Er dachte nicht mehr an den Austritt aus dem Orden. Die Kumpels hatten den Grundstein gelegt für die künftige sacra praedicatio in Bottrop, so wie einst die Katharer (die „Ketzer") Dominikus zu seiner Gründung bewegten. Der Konvent in Walberberg war für ihn nur noch ein notwendiges Übel. An den Wochenenden verschwand er aus Walberberg, um bei seinen Bergleuten zu sein. Die Bedenken, mit denen die Walberberger Ordensoberen seine regelmäßigen Ausflüge nach Bottrop unterbinden wollten, überspielte er mit eher zweifelhaften Verweisen auf seine Süddeutsch-Österreichi-

sche Provinz und deren Provinzial, aber irgendwie wurde sein ständiger Verbleib in Bottrop legalisiert. Markus wurde ordentlich bestellter Bergmann der „Ruhrkohle AG“ mit Anrecht auf eine Zechenwohnung: Eine erste kleine Präsenz des Ordens war etabliert. Als seine Mit-Mieter aus der Wohnung auszogen, konnte er das Ganze übernehmen, und weitere Mitbrüder, die in einer solchen erdnahen Existenz für sich eine spirituelle Chance sahen, konnten nach Bottrop kommen. Als man schließlich die Hälfte des Zechenhauses anmieten konnte, waren 1970 die logistischen Voraussetzungen für eine dominikanische Existenz im Hautkontakt mit der Arbeiterwelt des Ruhrgebiets gegeben.

Kritische Solidarität in Gesellschaft und Kirche

Was bewegte und verband die Brüder, die damals und in späterer Zeit im Haus Plankenschemm 23 ihre Heimat fanden? Es waren keineswegs alles Arbeiterpriester im klassischen Sinn, die bei der „Ruhrkohle AG“ als Bergleute einen Arbeitsplatz suchten. Es verband sie positiv der Wille zu einer unverstellten Nähe zu denen, die nicht zu den „Reichen und Schönen“ und eher zu denen, die „wenig auf der Kralle“ haben, gehörten; es verband sie das Interesse an einer grundlegenden Demokratisierung von Gesellschaft, Staat und Kirche, es verband sie die Bereitschaft, Grenzen nicht als Einladung zur Abgrenzung, sondern als Herausforderung zu intensivierter Kommunikation zu verstehen.
Wenn man es so sehen will, verband sie negativ eine kritische Distanz zu einer auf „blinden Antikommunismus“ fixierten christlichen Demokratie, zu einer „verbürgerlichten deutschen Kirche“, insbesondere zu deren amtskirchlicher Erscheinungsweise, aber auch eine Entfremdung von der herkömmlichen Form des Ordenslebens, wie sie es damals als in der Provinz Teutonia gelebt verstanden.
Dies alles hatte natürlich Auswirkungen auf das Leben im Plan-

kenschemm. Die Zahl der Mitglieder des Hauses sollte so sein, dass eine intensive persönliche Kommunikation möglich blieb und ein Untertauchen in der „Menge" ausgeschlossen werden konnte. Die Zahl „sieben" sollte auf keinen Fall überschritten werden. Im Plankenschemm gab es praktisch keine Hierarchie. Man verstand den Hausoberen praktisch ausschließlich als primus inter pares: Er war der Ansprechpartner des Provinzials und der Vertreter der Gemeinschaft gegenüber ihm; alle Angelegenheiten des Hauses wurden in mehr oder weniger intensiven Gesprächen gemeinsam geregelt. Den Mitbrüdern wurde eine größere finanzielle Eigenverantwortung übertragen, wie es jetzt längst allgemein üblich ist. Die Hausordnung wurde sehr flexibel gehandhabt, hin und wieder wurden Ausfallserscheinungen sichtbar, die dann nicht in erster Linie im Hinblick auf Konstitutionen oder Hausordnung, sondern aufgrund des erfahrenen spirituellen Defizits korrigiert wurden.

Ein Kloster ohne Klosterkirche

Was beim Plankenschemm am meisten ins Auge fiel, war dies: Die Brüder verzichteten bewusst auf eine eigene Kirche, auch gab es keine Kapelle für den öffentlichen Gottesdienst. Die Predigt und die Liturgie des Plankenschemm war die Arbeit unter Tage, die alltägliche Nähe zu den Menschen, die Präsenz bei denen, die sich für eine menschenfreundliche Heimat inmitten der industriellen Wüstungen einsetzten, das konkurrenzfreie Miteinander mit den Pfarreien und ihren Seelsorgern, ihr Dabeisein bei den vielen Gruppen, denen sie halfen, nicht zu resignieren, die eigene Situation und die der Gesellschaft zu reflektieren, zu meditieren und zu beten, auch wenn man vielleicht Kommunist war.
Natürlich war das Zentrum des Lebens im Plankenschemm die Eucharistie, aber es war eine einzige Eucharistiefeier am Don-

nerstagabend, die einem gesprächserfüllten Nachmittag folgte. Es war eher eine low church mass, der jeweils ein Mitbruder nicht als „Vorsteher" vorstand, sondern wie in den Niederlanden als voorganger voranging. „Gefühlter" Höhepunkt dieser Eucharistie war die Begegnung mit dem Wort und im Wort die Begegnung mit dem Herrn und den Brüdern untereinander. (Für den Autor dieser Zeilen war diese Art, Eucharistie zu feiern, die bewegendste spirituelle Erfahrung eines bis heute mehr als 50-jährigen Ordenslebens.) Wir lasen zuerst einen Text der Schrift, beschwiegen ihn gemeinsam etwa 10 Minuten, worauf dann ein intensiver Austausch folgte, der oftmals tiefste Tiefen erreichte und bis in Abgründe von Zweifel und Unglauben gehen durfte. Diese Art der praedicatio konnte den Rahmen einer Stunde oft erheblich überschreiten. Aber es war eine uns von Gott sakramental geschenkte Möglichkeit, das wahrzunehmen, was wir als unsere gemeinsame dominikanische Aufgabe erkannt hatten: Gemeinsam sollten wir dafür sorgen, dass jeder Einzelne das werden kann, zu dem heranwachsen kann, was Gott in ihm gesehen hat. Im Übrigen konnte unsere Liturgie für jeden ein Quell erfahrbarer Gnade sein, da wir grundsätzlich jedem die Grenzen seines Glaubensvermögens und die ganz persönliche Weise, diesen Glauben auszudrücken, freigestellt hatten; es gab keine unfruchtbaren, verletzenden, einengenden liturgischen Diskussionen, jeder war bereit, sich im liturgischen Vollzug auf den Anderen einzulassen.

Gelebte Geschwisterlichkeit als sakramentales Zeichen

Im Plankenschemm stand die traditionelle Form des Bußsakramentes nicht in hohem Ansehen, aber die ganze Gemeinschaft verstand sich als Realisierung im Kleinen dessen, was die Kirche als Ganzes im Großen sein sollte: als sakramentales Zeichen des Gottes, der sich in Jesus und im Heiligen Geist als der Gott der

Sündenvergebung erwiesen hatte. Darum konnte sich im Plankenschemm jeder Mitbruder mit seinen Verwundungen und Traumata, mit seinen Begrenztheiten und Sünden zuhause fühlen, er konnte ohne Angst seine Wunden zeigen und, insofern es auch um Leistungen ging, wusste er sich im Gelingen und Misslingen von allen mitgetragen.

Wie mir selbst mit meinen beiden ersten Assignationen, die beide – einmal nach nur drei Monaten, und einmal nach immerhin 16 Jahren – in heftigen Konflikten mit nicht nur geringfügigen Verletzungen und Verwerfungen zu Ende gegangen waren, im Plankenschemm Heil widerfuhr, erging es vielen Anderen, die unverschuldet oder auch mit in Schuld verwickelt, in anderen Gemeinschaften, wenigstens für den Augenblick, nicht mehr gerne leben wollten. Am Plankenschemm konnten sie ihre „Renaissance" im wahrsten Sinne des Wortes erleben.

Diese Erfahrungen führten übrigens zu einer wachsenden Selbstvergewisserung der Mitbrüder und einer zunehmenden Wiederidentifizierung mit der übrigen Provinz, so dass die Gemeinschaft schließlich in den 1980er Jahren den Antrag stellte, als vollwertiger Konvent errichtet zu werden. Sie verstand diesen Schritt ausdrücklich als Ausfluss des Wunsches, als Gleiche unter Gleichen, ohne Geringschätzung oder geheimen Dünkel, etwa die besseren Dominikaner zu sein, das dominikanische Gespräch in Deutschland zu führen. Leider wurde diesem Antrag nicht stattgegeben; das Misstrauen gegenüber dem bisherigen Außenseiter erwies sich als stärker.

Was bleibt?

Was blieb vom Plankenschemm? Das Gedächtnis an Pater Markus, das in Bottrop lebendig geblieben, und sein Grab (gest. 1992), das nicht vergessen ist, wie auch seine Arbeitsloseninitiative, die am Bottroper Hauptbahnhof seit vielen Jahren noch immer stolz ihre Fahrradstation betreibt, die Welheimer Mark, wo Pater Markus ein unkonventioneller Pfarrer war, der mit seiner Bürgerinitiative der Bottroper Politik die Weiterexistenz dieser Arbeiterwohnsiedlung abgetrotzt hat. Es blieb der Bibelkreis, den Pater Paulus Engelhardt begleitete und ihn bis heute noch von Düsseldorf aus begleitet. Es blieben die Wellen, die Pater Jerry Pöters lateinamerikanische Aktivitäten und ihre Unterstützung durch Plankenschemm und Umgebung bis nach Bottrop schlugen, es blieb die Erfahrung menschlicher Nähe in den Herzen vieler Unterprivilegierter, es blieben Glaubenserfahrungen bei Menschen, von denen niemand weiß als Gott allein. Es blieb in mir die Tragkraft der nicht sieben, sondern acht so fruchtbaren Jahre meines Ordenslebens, es bleibt, in den Tiefen des Provinzarchivs verborgen, der Auftrag, mit dem der Beschluss, den Plankenschemm 1996 zu schließen, etwas leichter verdaulich gemacht werden sollte, der Auftrag nämlich, aufgrund der wundersamen Geschichte des Plankenschemm, darüber nachzudenken:

„An welchem Ort können wir an einem sozialen Brennpunkt präsent sein? [Der Ordensmeister, fr. Vincent de Couesnongle, sprach bei seiner Visitation in Bottrop, als es schon erste Schließungspläne gab, vom Plankenschemm als von einem Haus, das an einem „lieu de misère" angesiedelt sei, und dass jede Provinz wenigstens an einem solchen „Ort des Elends" präsent sein solle; Anm. des Autors.] In welchem Haus ist eine so offene Gastfreundschaft möglich? Sehen wir die Möglichkeit, langfristig im Ruhrgebiet an einem anderen Ort einen Neuanfang zu machen? Welche Haltung haben wir gegenüber Brüdern in Krisensituationen, durch die sie in Grauzonen und Konfliktfelder geraten? Es ist festzustellen, dass von Bottrop aus Impulse in die Provinz gingen. Es gilt, die Werte, für die das Haus in Bottrop stand, nun an anderen Orten zu verwirklichen" (Akten des Provinzkapitels 1996, Nr. 50).

Hyazinth (Jacek) Odrowaz OP (1183[?]-1257)

Es ist erstaunlich, wie gelassen Dominikus die kleine Schar seiner ersten Brüder in alle Himmelsrichtungen aussendet, und wie schnell ihr Leben an den Brennpunkten der damaligen Welt andere Menschen anregt, ihrer Gemeinschaft beizutreten. Auch der Bischof von Krakau sieht eine Chance, an diesem Aufblühen für die Kirche in Polen teilzuhaben. Aber Dominikus sagt ihm, er solle ihm geeignete Kandidaten aus Polen schicken, die er dann auf das Leben in der neuen Gemeinschaft vorbereiten werde. Bischof Ivo kann zwei Priester seines Vertrauens gewinnen, die sich auf die Begegnung mit Dominikus einlassen wollten: Ceslaus (Czesław), der Kanoniker in Sandomierz war, und Hyazinth, in Polen nur Jacek (sprich: Jatzek) genannt, der im Dienst der Krakauer Kirche stand und vielleicht auch studienhalber nach Rom gehen wollte.

Für beide war die Begegnung mit Dominikus eine entscheidende Wende in ihrem Leben: Sie verschrieben sich mit Haut und Haar der neuen Möglichkeit, Christ und Priester und Ordensmensch zu sein. Hyazinth wurde etwa 1183 in Schlesien geboren, das damals noch weitgehend polnisch war. Als reifer Mensch kam er nach Italien, Dominikus führte ihn in den Geist seiner Gründung ein und gab ihm den Ordenshabit. Es war das Jahr 1221, Dominikus war am Ende seiner Kraft, und als Jacek ihn in Bologna zurückließ, um nach Polen zu gehen, war es ihm, als übertrüge sich die geistliche Lebenskraft des sterbenden Ordensvaters auf ihn. So zog er mit Heinrich von Mähren und wahrscheinlich auch Ceslaus nach Polen, sozusagen im Vorübergehen wurde er der eigentliche Gründer des ersten Dominikanerklosters im deutschsprachigen Gebiet, in Friesach in Kärnten, ein Kloster, das heute noch besteht, kam über Mähren und Schlesien nach Krakau. Man schrieb das Jahr 1222. Erzbischof Ivo nahm die Brüder freudig auf, schnell entstand

eine kleine Gemeinschaft, die schon im Jahr darauf Kirche und Kloster zur Hl. Dreifaltigkeit beziehen konnte. 1225 finden wir Hyazinth in Danzig, wo er die Gründung des dortigen Klosters betreibt. Zwei Jahre widmet er sich dort intensiv der Predigt, um dann 1228 als Diffinitor am Generalkapitel in Paris teilzunehmen, das Jordan von Sachsen leitete. Nach seiner Rückkehr nach Danzig eröffnete sich für Hyazinth ein neues Arbeitsfeld: vier Jahre verbringt er in Kiew, wo ebenfalls eine lebendige dominikanische Gemeinschaft entsteht. Bei einem Einfall der Tataren muss er diese Stadt fluchtartig verlassen. Bilder zeigen ihn, wie er aus der Kirche das Allerheiligste und das Marienbild rettet. Im Bewusstsein der Brüder war lebendig geblieben, was Hyazinth in seiner unermüdlichen, Länder und Völker umfassenden Tätigkeit aufrechterhielt: das Erfülltsein von Jesus, der sein Leben mit uns teilt wie das Brot, der sich an uns verschenkt, wie Wein ausgeschenkt wird, um das Fest der Begegnung zu feiern, und Maria, Mutter Jesu und unsere Schwester, die die Menschenwege mitgeht.
Als er 1233 nach Danzig zurückkehrt, ist eine neue Situation entstanden, die von einem Seelsorger und Missionar viel Fingerspitzengefühl verlangt: Das Danziger Gebiet ist dem Deutschen Ritterorden zugefallen, der mit straffer, fast modern-preußischer Verwaltung, aber auch mit Feuer und Schwert gegen die noch nicht christianisierten Pruzzen vorgeht. Hyazinth muss zu seelsorgerlichen Anstrengungen auffordern und zu militärischer Mäßigung mahnen, was er nicht ohne Erfolg tut, er verlässt ein befriedetes Land, wenn er 1238 endgültig nach Krakau zurückkehrt. Die letzten 20 Jahre seines Lebens sind kaum in Einzelheiten überliefert. Aber alle Hinweise zeigen ihn als einen großen Prediger, geistlichen Berater und den Menschen nahen Priester.

Jan Góra OP
(* 1948)

In den achtziger Jahren des vorigen Jahrhunderts (30 Jahre und mehr sind seitdem vergangen) fuhren Schüler/innen und Studierende der KSJ (Katholische Studierende Jugend) aus dem Bistum Essen alljährlich mit mir nach Polen. Es waren intensive Begegnungen mit dem real existierenden Sozialismus der Volksrepublik, der gähnenden Leere in den Geschäften, mit der Seelenlosigkeit der Vorstädte, in deren grauen Straßen überall „Fallgruben der Verwahrlosung" lauerten; nicht weniger intensiv waren die Begegnungen mit der polnischen Gastfreundschaft, die, trotz des mageren Angebots im „offiziellen" Warenverkehr, die Tische unter der Fülle alles Guten sich biegen ließen.
Unsere Anlaufstelle war meistens das Dominikanerkloster in Poznan (Posen) mit seiner von jugendlichem Leben berstenden D. A. (Duszpasterstwo Akademickie – Schüler/innen und Studierendengemeinde) und deren Seele und Motor, Pater Jan Góra. Es hätten zwei Welten sein können, die sich gegenseitig exkommunizieren: hier die kleine Herde, verliebt in entsakralisierte Formen von Gebet, Sakrament, mystische Tiefe vielleicht erahnend bei den „Prozessionen" der Friedensbewegung, am Nato-Stacheldraht amerikanischer Raketenstellungen oder beim Verfassen einer Friedensresolution; und da die große Kirche täglich voll, Hunderte Schüler/innen und Studierende, mystische Tiefe atmend im mehrstimmigen Singen, kein Sacro-Pop à la Piet Janssens, ein stilles nicht artikuliertes Widerstehen gegen den Abgott aus dem Osten und wahrscheinlich zu Unrecht verdächtigt der Meinung, dass amerikanische Raketen doch wohl gute Raketen seien.
Aber so war es nicht. Symptomatisch vielleicht die Frage von Hand- oder Mundkommunion: In Polen war damals die Handkommunion undenkbar, den deutschen Jugendlichen die Mundkommunion aber total befremdlich. Ich teilte ihr Befrem-

den, sagte aber: „Wir sind hier zu Gast, bringt bitte die polnischen Mitbrüder nicht in Verlegenheit. Sie werden euch nicht die Handkommunion reichen, und das wird für euch wie für sie unerfreulich sein. Wenn ihr absolut vor der Mundkommunion zurückschreckt, dann verzichtet bitte auf die Kommunion oder kommt dahin, wo ich die Kommunion austeile." Keiner ist speziell zu mir gekommen, sie haben auch kein eucharistisches Fasten eingelegt; dank der Gemeinschaft mit dieser jungen Kirche Polens haben sie existenziell erfahren, dass in der gegebenen Situation diese Frage absolut zweitrangig ist.

Jugendliches Kirchesein in Polen und P. Jan Góra

Und das hängt mit P. Jan Góra zusammen. Praktisch rund um die Uhr stand er den Schüler/innen und Studierenden zur Verfügung, verstand es mit Freundlichkeit und großer Selbstverständlichkeit, den Sprachschwierigkeiten zum Trotz, uns in den Kreis gelebter Geschwisterlichkeit miteinzubeziehen, er strotzte vor Selbstbewusstsein, ohne sich aufzudrängen oder selbst in Szene zu setzen. Er liebte es, sich mitzuteilen, aber ebenso gerne ließ er sich von anderen mitteilen. Er liebte die Gaben der Seinen, verstand es, sie hervorzulocken und zu fordern. Um Mitarbeiter/innen für seine Unternehmungen, die mit der Zeit immer größere Dimensionen annahmen, musste er nie verlegen sein. Was wir damals noch nicht wussten, war dies: Wir dachten, dass diese Form jugendlichen Kircheseins in Polen seit jeher selbstverständlich sei: Täglich und mehr noch sonntags eine volle Kirche bei der „msza akademicka", der Studierendenmesse, bei den Schüler/innen genoss die „siedemnastka", die 17-Uhr-Messe geradezu Kultstatus, sodann die bewegende Erfahrung der Roratemessen, allwerktäglich im Advent, wenn über tausend junge Leute, von denen viele schon um 5 Uhr früh aus den Vorstädten aufbrechen mussten, mit ihren Lichtern und dem Atem ihrer Lieder die winterkalte Kirche erglühen ließen.

Die Anfänge

Aber all das hatte sich aus ganz kleinen Anfängen entwickelt. Es waren wenige, die sich um den jungen Pater scharten und ihre Erwartungen an ihn formulierten: „Kameraden haben wir in der Klasse genug, Du musst uns Vater sein." Aber wenn man doch allen alles sein will, was heißt es dann, „fremden" Kindern „Vater" sein? Die Antwort kostete ihn viel Kopfzerbrechen, und er fand sie nur dank der Hilfe von Karol Wojtyła, der zu der Zeit schon Johannes Paul II. war.
„Promieniowanie ojcostwa" (Die Strahlkraft des Vaterseins), ein poetischer Hymnus Karol Wojtyłas, wies Jan Góra den Weg: über sich hinauswachsen, hinauswachsen aus Egoismus und Egozentrismus, sich selbst geben, ohne Hintergedanken und Eigennutz, alle Grenzen überschreitend. Ihm wurde diese Strahlkraft, dieses wärmende Leuchten, dieses befreiende Lichtmoment geschenkt. Daraus entwickelte sich alles: Es füllte sich die Dominikanerkirche mit Leben, es wuchs heran eine unübersehbare Schar selbstbewusster und zugleich demütiger, kontemplativer und zugleich autonom handelnder, fragend intellektueller und einladend offener junger Christen. Diese Bewegung ohne juridische Strukturen, die man in ein Vereinsregister hätte eintragen können, griff um sich, sprang über auf andere Kirchen, erst in Poznan, zu anderen Dominikanergemeinden, schließlich auf ganz Polen. Sie kristallisierte sich in drei lokalen Brennpunkten: Hermanice, Jamna, Lednica.

Brennpunkte der Bewegung

Hermanice, ein kleiner Ferienort im Süden Polens, die einzige Region des Landes, wo Polen sichtbar und erlebbar auch evangelisch ist, wurde alljährlich zur Ferienakademie für Hunderte von Studierenden: Festival, Lehrhaus, Exerzitien, Begegnung hautnah mit Musik und Philosophie, Schauspiel und Poesie, Gegenwart und Geschichte. Jamna: eine Gemeinde, 500 km von Poznan entfernt, schenkt Jan Góra einen Wald, einen Berg und ein verlassenes Dorf. Jan Góra sieht gewaltige Möglichkeiten für seine holistische Pastoral. Was hat er zu bieten? Eine Jugend, die schon Unmögliches hat möglich werden lassen, zweifelnde Mitbrüder, kein Geld und seine Strahlkraft. Das verlassene Dorf lebte auf dank der Jugend, die den Weg dorthin fand, verfallende Häuser erstanden neu, Wirtschaftsgebäude wurden errichtet, eine Einsiedelei, eine Kirche, die längst zu einem Heiligtum wurde, das es mit vielen altehrwürdigen Glaubensstätten Polens aufnehmen kann. Sogar eine Zufahrtsstraße wurde gebaut. Jamna ist heute ein Zentrum junger Christen, das sie sich wirklich zu Eigen gemacht haben und das ihnen immer wieder für ein paar Tage Heimat und Zuhause bedeutet. Ganzjährig ein Ort der Begegnung: Studierende aus Poznan und ganz Polen, Kulturschaffende von überall her, offen für alle, die alte Nähe der Dominikaner zu den Zisterziensern lebt wieder auf – „Porta patet magis cor" (die Tür steht offen, mehr noch das Herz). Und als Patronin hat sich bewährt – Maria von der unfehlbaren Hoffnung!
Lednica – erstes politisches Zentrum der Polanen, 30 km vom heutigen Poznan entfernt. Hier entschied sich Fürst Mieszko I. für die Taufe und den christlichen Glauben und leitete damit die Christianisierung Polens ein. Auf wunderbare Weise gelang es Jan Góra, hier ein großes Grundstück zu kaufen. Für ihn konnte es keinen passenderen Ort geben, um mit der Jugend Polens in das neue Jahrtausend zu schreiten. Ein großes Tor entstand, in

Form eines Fisches, der Jugend seine Botschaften in jeweils angepasster Weise zukommen zu lassen.
Jan Góra schätzt die persönliche Begegnung mit den jungen Menschen höher ein als jede mediale Begegnung. Darum lässt er seiner schriftstellerischen Leidenschaft nur in der spärlich bemessenen Freizeit die Zügel schießen. Trotzdem sahen mindestens 30 Bücher und viele Artikel und andere Dokumente das Licht der Tage und sie trafen Herz und Sprache der jungen intellektuellen Garde Polens. All das wird nur möglich, weil für ihn alles, was er unternimmt und tut, Kontemplation ist. Alles, was ihm begegnet, trifft sein Blick voll Liebe und Wohlwollen, und so begegnet ihm alles mit Wohlwollen und Liebe, und aus solcher Wechselseitigkeit wächst immer wieder neu das Werk. Auch der Kirche nicht sonderlich gewogene Kreise und Gremien lässt solches nicht unberührt: Das Europaparlament verlieh ihm mit seinem ganzen „Werk Lednica 2000" den Europäischen Bürgerpreis (Civi Europaeo Praemium).

Seliger Augustin Kažotić

Das weiße Kleid der Prediger,
du trugst es wie Dominikus,
der Stimme war und Lobgesang,
das Vorbild, dem du nachgefolgt.

Dem Gottesvolk gingst du voran,
Begleiter ihm in aller Not,
der kleinen Leute Schutz und Schild
und Widerstand den Mächtigen.

Die schreiben deine Taten auf
und senden ihre Schergen aus –
dem Volk, das Flucht und Fremde kennt,
wirst du ein Bischof im Exil.

Europas Straßen, dir vertraut,
sehn dich, den Freund, den Prediger,
den Künder einer Herrlichkeit,
die Wunden heilt und Menschen eint.

Dich, Augustinus, feiern wir,
von dir beflügelt, träumen wir,
den Gott, den Himmel, der uns blüht,
die Sonne der Gerechtigkeit.

Tenebrae

Trauermetten
– vor dem Altar
die menorah,
der siebenarmige
Leuchter der Juden
darauf brannten
um die Fülle
göttlichen Lichtes
anzudeuten sieben Kerzen

wir kennen die Regeln
dieser Trauermetten:
bei jeder der sieben
Psodien wird eine
Kerze gelöscht
und wenn wir beim
Höhepunkt des Gebetes,
dem Lobgesang
des Benedictus
angelangt sind,
erlischt auch das
letzte Licht
dann macht dieses Gebet
seinem lateinischen Namen
alle Ehre:
tenebrae – Finsternis.

– ein Gleichnis
für die Situation
der betenden Menschheit:
in voller Kenntnis
der Herrschaft des Bösen
in der Welt
und mit der nicht ganz
unberechtigten
Befürchtung, dass es
immer schlimmer wird,
beten und singen wir an
gegen die Finsternis
und geben auch in der
äußersten Dunkelheit
die Hoffnung nicht auf,
dass die Finsternis
nicht für immer
triumphieren wird.

VIII

Glaube und Erfahrung

Theologische Reflexionen

Dreifaltigkeit

Die Christen der Anfangszeit sind einige Jahrhunderte lang ohne den Begriff „Dreifaltigkeit" ausgekommen. Sie wussten sieh mit Israel von ihrem Gott väterlich getragen, waren voll Freude darüber, dass die Nähe dieses Gottes in einem Sohn des Volkes Israel leibhaftig spürbaren Ausdruck gefunden hatte und erlebten die Jesusbewegung, die Kirche, als eine „Gemeinschaft heiligen Geistes". Und vielleicht hätten sie im Nachdenken über ihre Glaubenssituation nie den Ausdruck „Dreifaltigkeit" gefunden, wäre nicht im Laufe der Zeit das griechische Denken in der Kirche immer wichtiger geworden. Wie sollten sie auch in einer Welt voller Götter und Heilsbringer, in einem Klima, das von großen und weniger großen Philosophen geprägt war, die Heilsbedeutsamkeit eines Handwerkersohns aus einem fremden Volk am Rande ihrer Welt sich selbst plausibel machen, geschweige denn attraktiv auch für Nichtglaubende erscheinen lassen, wenn nicht mit den Hilfsmitteln, den Begriffen griechischen philosophischen Denkens.
So wurde das alte Beziehungsgeflecht von Jahwe und seiner Ruach und Jesus, auf den sich die Ruach, der Geist Jahwes, am Jordan herabgesenkt hatte, in griechische Denkweisen hinübergesetzt: die eine Wesenheit Gottes, die sich als Vater gewissermaßen in einem Sohn ausspricht, die Beziehung, die zwischen dem Vater und dem Sohn lebt – drei Personen, die aber zusammengehalten sind in der einen göttlichen Natur, die Selbstaussage Gottes im Logos-Sohn, die sich dann weitervermittelt in die Schöpfung hinein, in die Personalunion von göttlicher und menschlicher Natur in Jesus, der die Menschen in sich und um sich sammelt und ihnen die Sendung des Gottesgeistes vom Vater her vermittelt. Dies alles eine Denkweise, die einmal bei den griechisch geprägten Christen des Altertums Geist und Leben gewesen sein muss, mir in trockener, meinem Leben ferner Katechismusmanier überliefert wurde, die ich brav annahm, aber

von der ich heute weiß, dass ich sie nicht mit meiner lebendigen Glaubenserfahrung leben kann.

Nahe den Ursprüngen

Wie aber lebe ich meinen Glauben an Vater, Sohn und Geist, wie erlebe ich Dreifaltigkeit? Wenn ich darüber nachdenke, entspricht mein Zugang eher dem der frühen Christen, die von der hebräischen Bibel geprägt waren. Ich erfuhr Gott als Lebenszusammenhang in der Geborgenheit, die mir Vater und Mutter schenkten, die mir ihre Glaubenssicht glaubwürdig vermittelten: ein Gott der Verheißung: „Ich werde für euch dasein" – Jahwe. Aber dieser Gott übersetzte sich mir in die Geschichten, die meine Mutter von Jesus erzählte; eine wollte ich immer wieder hören, die vom wunderbaren Fischfang. Aber mich erstaunte nicht das Wunder der vielen Fische, sondern dass die Apostel gerade in dem Augenblick, wo sie doch einen schwunghaften Fischhandel aufmachen konnten, alles stehen und liegen ließen und Jesus nachfolgten. Ich deute diese Faszination heute als die Erfahrung von der „Gemeinschaft des Heiligen Geistes", die die Jünger damals machten und die ich in der Folge auch so oft erfahren habe: im Schoß der Familie, in der christusbetonten Bruderschaft der Jugendgruppen des ND, in der Gemeinschaft der Brüder im Dominikanerorden … in den Solidaritätserfahrungen von Friedensgruppen, Kirchentagen.
Und was sagt mir heute noch das griechische Denken? Wenn Gott sich im Jetzt der Ewigkeit im Sohn aussagt und dieser Sohn im Jetzt der Ewigkeit und in der Fülle der Zeit die menschliche Natur mit seiner göttlichen vereint, dann haben wir Menschen in Jesus von jeher einen Platz in Gott. Wir können einander als Söhne und Töchter Gottes erfahren, in medio ecclesiae, in der Gemeinschaft des Heiligen Geistes. Das ist der eigentliche Grund meiner Hoffnung.

Vaterunser

Weil du allen Menschen nahe bist:
denen, die lange vor uns offen waren
für den Ruf in ein neues Leben,
denen, die mit uns diese Welt bewohnen,
hier in der Nähe und weit in der Ferne,
denen, die nach uns von dem leben müssen,
was wir ihnen übrig lassen,
darum rufen wir zu dir:
Vater unser im Himmel

Weil wir uns zu dem bekennen, der deinen Namen gelebt hat,
der da heißt: ‚Gott rettet' und ‚Er ist für uns da',
darum sagen wir:
geheiligt werde dein Name

Weil wir sehen, dass unsere menschlichen Reiche
immer nur Tod und Verderben
und Unterdrückung bringen,
darum bitten wir dich:
dein Reich komme

Weil wir in Jesus erkennen, dass dein Wille Leben ist,
trotz allen Todes und durch den Tod hindurch,
darum hoffen wir:
dein Wille geschehe, wie im Himmel, so auf Erden

Weil Jesus wie ein Weizenkorn in die Erde gesenkt
wurde und starb,
aber als Brot für das Leben der Welt auferstehend
den Tod zerbrach,
darum beten wir:
unser tägliches Brot gib uns heute

Weil Jesus durch seinen Tod für eine neue
Menschenmöglichkeit einstand,
weil wir daran erkennen, dass Tod und Sünde
nicht das letzte Wort haben,
darum wagen wir zu sprechen:
vergib uns unsere Schuld,
wie auch wir vergeben unsern Schuldigern

Weil wir den Weg Jesu gehen wollen,
den Weg mit den Menschen heraus
aus dem tödlichen Schema
von, ‚es war schon immer so' und
‚es wird nie anders werden',
und weil wir immer in Gefahr sind,
uns in das Sklavenhaus von Ohnmacht und Angst
zurück zu flüchten,
darum flehen wir zu dir:
führe uns nicht in Versuchung, sondern
erlöse uns von dem Bösen

Und so preisen wir dich
mit allen, die den Weg Jesu gehen und gingen
und gehen werden,
mit allen Menschen, die deine Liebe verwandelt,
und rufen mit lauter Stimme:
denn dein ist das Reich und die Kraft
und die Herrlichkeit in Ewigkeit.
Amen.

weihnachten

menschen die ihr wart verloren
ihr menschen unter den seinebrücken von paris
auf den parkbänken von düsseldorf
in den schlammlöchern vietnams
ihr menschen in altersheimen und heilanstalten
in den slums von harlem und vom tichauer weg
in zerrütteten ehen und an den überquellenden gabentischen
und ihr die ihr zu diesem gottesdienst gekommen seid:
lebet auf erfreuet euch
es ist weihnachten
für 24 stunden schweigen die waffen
großmachtpolitiker reden vom frieden auf erden
selbst harte herzen werden weich
die caritas notiert erhöhten spendeneingang
vom tisch der reichen fällt ein brosamen ab für die armen
euch ist gottes sohn geboren heut ward er den menschen gleich
ist das wahr
ist er wirklich uns gleich geworden
oder hat er sich anderen menschen gleichgemacht
den außenseitern weit draußen vor den toren der stadt
hirten analphabeten aussätzigen
leichten mädchen unkirchlichen
lasst uns vor ihm niederfallen ehre sei gott
er ist hungrig er ist durstig er ist ein gastarbeiter
er ist von napalm verbrannt
sein bauch ist vor hunger aufgequollen
er ist in den gefängnissen der diktatoren von ost und west
heut ward er den menschen gleich
aber wir wollen nicht ihm gleichwerden
du aber herr erbarme dich unser

Die fünfzig Tage von Ostern

Das Osterfest ist ein Fest „sui generis". Vierzig Tage Vorbereitung gehen ihm voraus, und dann wird es wochenlang bis zum fünfzigsten Tag gefeiert. Aber trotz allen Jubels kann es seine Herkunft aus schuldbeladener Vergangenheit, da Menschen den Menschen zum Opfer fielen, nicht verleugnen. Ja, es ist gerade deshalb ein so schönes Fest, weil es uns Gott in der Gottlosigkeit entdecken lässt.

Im 19. Kapitel des Buches (der) Richter lesen wir von einem Leviten, dessen Stamm in Israel für den priesterlichen Dienst und den Opferkult zuständig war. Er lebte mit einer Konkubine zusammen, aber das ist für die Bibel kein Grund zur Aufregung. Seine Lebensgefährtin hatte ihn verlassen und war zu ihrem Vater nach Betlehem im Stammesgebiet von Juda zurückgekehrt. Vier Monate wartete er, dann zog er nach Betlehem, um sie für sich zurückzugewinnen. Die Sache gelang. Auf dem Rückweg weigert er sich, als frommer Levit, in einer heidnischen Stadt zu übernachten. In der nächsten israelischen Siedlung treffen sie aber auf sehr unfreundliche Menschen. Nur ein Zugezogener nimmt ihn am späten Abend auf.

Bald trollt sich übles Gesindel aus dem Ort zusammen, um mit dem Fremden ihr Spiel zu treiben. Der Gastgeber ist aber dazu verpflichtet, seinen Gast zu verteidigen. Er sieht keine andere Möglichkeit, als ihnen seine Tochter und auch die Konkubine zur freien Verfügung zu überlassen. In allerhöchster Not tritt unser frommer Levit in Aktion: Er, der zu fromm war, in einer heidnischen Stadt zu übernachten, zögert keinen Augenblick, diesen „Hooligans" seine Lebensgefährtin zum Opfer vorzuwerfen. Sie wird die ganze Nacht hindurch von diesen Verbrechern vergewaltigt und gequält. Sie stirbt noch vor Tagesbeginn auf der Schwelle des Hauses ihres Gastgebers. Ungerührt nimmt der wenig heldenhafte Levit seine tote Konkubine auf sein Lasttier. Dann folgt der schrecklichste Teil der Geschichte.

Er nimmt eine Säge und zersägt sie Glied um Glied in zwölf Teile und schickt sie an alle zwölf Stämme Israels, die auf diese Weise zu Teilnehmern des schrecklichen Geschehens werden.
Wo aber ist in dieser ganzen Geschichte Gott? Im diesem Kapitel 19 wird er kein einziges Mal genannt. Er scheint abwesend. Aus der weiteren Geschichte Israels und komprimiert in der Geschichte Jesu von Nazaret und unseres Osterfestes, das an ihn erinnert, wird aber deutlich, dass Gott inmitten der Gottlosigkeit, in offensichtlicher Abwesenheit anwesend ist. Er ist nämlich präsent im Opfer. Nicht in den Gebeten und Riten Israels, sondern in der „zum Opfer gemachten, vergewaltigten, gefolterten, entehrten Frau". Ein ohnmächtiger Gott identifiziert sich mit den Ohnmächtigen. Deutlich wird dies in der österlichen Geste Jesu. Er, der weiß, dass auch er zum Opfer gemacht wird, nimmt ein Stück Brot und sagt: „Das bin ich." Und zerreißt es, bricht es in zwölf Teile, verteilt es an die Zwölf, die in Jesu Sicht das Zwölfstämmevolk repräsentieren.
Wir alle werden Teilnehmer der Geschichte, die Menschen Menschen zum Opfer fallen lässt.
Auferstehung heißt: Gott bekennt sich zu den Opfern. Wo Menschen einen Schlussstrich ziehen, erschließt Gott eine Zukunft. Eine Zukunft in seiner für uns unvorstellbaren Gegenwart, und eine Zukunft für unsere Welt, wo wir uns den Opfern, unseren Opfern, stellen, ihr Opfer für uns sinnvoll werden lassen und uns von ihnen gesendet wissen, einzustehen für eine Welt, in der nicht mehr Menschen den Menschen zum Opfer fallen. Die Opfer unserer Geschichte umgeben uns als Auferstandene, nicht rachsüchtig, sondern freundlich. Und das dürfen wir feiern, mit verhaltener Freude oder, wie es die Alten ausdrückten, „in nüchterner Trunkenheit".

Heilige Ruach

Geist der Wahrheit,
du bist zuhause
in den Tiefen
der Gottheit,
du das Gedächtnis
und die Zukunft der Kirche
Geist der Wahrheit,
geh mit uns!
öffne du der
Menschen Herzen
für Jesus von
Nazaret,
dass er ihnen
in den Wirren
der Menschheitsgeschichte
Halt sei.
Heilige Ruach,
Atem Gottes,
der das Weltall
durchwaltet,
komm und mach neu
das Antlitz der Erde.
Heilige Ruach,
entflamme uns.
Geist des Lebens,
Hauch des Vaters,
Wort gefallen
in Menschenschoß
und ausgetragen
von der Jungfrau,
Wort vom Vater
und Geist in Welt.
Mach uns empfänglich
für deine Sprache
und hilf uns,
die Zeichen der Zeit
zu lesen,
die du aufstellst
am Weg der Geschichte,
uns zu beflügeln
auf dem Pilgerweg.

Die Katze und die alte Dame

Zur Auferstehung des Fleisches

Eine ältere Frau, etwas verwirrt und gehetzt, sitzt mir im Sprechzimmer gegenüber. Seit langen Jahren ist sie, eine Engländerin, mit einem Deutschen verheiratet. Sie ist total isoliert, von den Menschen getrennt durch ihre psychische Verfassung, ihre fremde Kultur, das Misstrauen ihres Ehemannes. All das erfahre ich erst später. Zunächst nur eine Frage, die ihr viel zu bedeuten scheint, von deren Beantwortung viel für sie abhängt. „Kommen Katzen auch in den Himmel?" Ich muss wohl ziemlich verblüfft gewesen sein, zu lange nach einer ersten Antwort gesucht haben. Sie fügt ihrer theoretisch klingenden Frage eine ganz persönliche Erklärung hinzu. „Wissen Sie, meine Katze ist nämlich das einzige, was ich noch habe. Und ich habe so Angst, dass sie nicht in den Himmel kommt, weil Tiere ja keine Seele haben. Aber ohne meine Katze … das kann ich mir gar nicht vorstellen. Da hab ich so eine Angst vor …"

Da hat mich die Frage nach dem ewigen Leben der Katze ganz plötzlich in das traurige Leben eines Menschen hineingezogen, in seine Angst, in seine Einsamkeit, in seine Liebe. Ehrlich gesagt, über die Frage, ob Tiere in den Himmel kommen, hatte ich noch nie nachgedacht, aber irgendwie hatte ich für mich doch eine Antwort. Mit Tieren im Himmel hatte ich eigentlich bis jetzt nicht gerechnet. Aber hätte ich der Frau sagen dürfen: Tiere kommen natürlich nicht in den Himmel, aber Gottes Liebe ist dort für Sie so überwältigend, dass Sie gar nicht merken, dass die Katze nicht dabei ist. Hätte ich diese Frau nicht in noch größere Verzweiflung gestürzt? Aber einfach eine fromme Lüge, zum Trost einer verwirrten Seele, das wäre ein Angriff auf die Würde dieses Menschen. Ich musste blitzschnell meine Theologie erneuern. „Über diese Frage habe ich noch nie richtig nachgedacht. Aber warten Sie einen Augenblick …"

Blitzschnell ging mir durch den Kopf das Wort von der Auferstehung des Fleisches, die Glaubensbilder von Jesu Auferstehung. Und plötzlich war mir klar: Auferstehung des Fleisches ist das Aufgehobensein eines jeden Menschen, Ich als Ich, in meiner Haut, mit allem, was mich bewegt und geprägt hat, ich bin von Gott bejaht, und sein Ja gilt ein für allemal. Und da sagte ich der Frau: „Ja, Ihre Katze kommt auch in den Himmel. Sie kennen das Glaubensbekenntnis: Ich glaube an die Auferstehung des Fleisches. Das heißt nicht einfach, ich mit meiner Haut, mit diesen Knochen, mit diesem Fleisch, ich so wie ich jetzt vor Ihnen sitze, ich werde so und nicht anders im Himmel sein. Ich denke, Fleisch steht hier für mich mit allen meinen Beziehungen, alles, was mich erfüllt, geprägt, bewegt hat. Das gehört doch alles zu mir, das bin doch ich. Die Katze hat doch eine Beziehung zu Ihnen, und Sie haben eine Beziehung zu Ihrer Katze. Ohne diese Beziehung sind Sie gar nicht mehr denkbar. Ich kann Sie gar nicht verstehen ohne Ihre Beziehung zu der Katze. Ich könnte auch nicht Ihre Katze töten und Ihnen dann sagen: Was regen Sie sich so auf, das ist doch nur eine Katze. Sie würden sagen: Mit der Katze haben Sie auch ein Stück von mir getötet. Auch Gott kann Sie nicht mehr sehen ohne die Katze. Wenn er zu Ihnen ja sagt, sagt er auch zu Ihrer Katze ja. Weil die Katze durch die Liebe zu Ihnen gehört, und weil Gott in seiner Liebe das versteht."
Die Frau schien erleichtert, aber noch nicht überzeugt. Denn auch ihre Theologie schien die Katze eher aus dem Himmel zu verbannen. Ich sagte ihr: „Bleiben Sie bei dem Wort ‚Fleisch'. Es meint uns mit unserm Leib. Vermittels unseres Leibes leben wir, haben wir Austausch mit unserer Umwelt, nehmen wir Beziehung auf, sehen, erfahren, erkennen wir. Alles wird uns durch unsern Leib, durch unser Fleisch vermittelt. Und durch unsern Leib verleiben wir uns das ein. Es wird ein Stück von uns, es gehört zu uns. Und all das wird nicht einfach ins Nichts versinken. All das sind wir. Und alles, was wir sind, geworden

sind vermittels unseres Leibes, das lebt weiter in Gottes allumfassender Liebe. Also auch Ihre Katze."

Dieses Gespräch, von dem die Frau sichtlich getröstet in ihren traurigen Alltag nach Hause ging, hat auch meinen Glauben an die Auferstehung, an die Auferstehung Jesu bereichert und vertieft. Wer an den Auferstandenen glaubt, glaubt damit ja auch nicht an die bloße Wiederbelebung eines vorher toten Leibes. Er hat das Vertrauen, dass all das, was Jesus bewegte, all das, was Jesus bewegt hat, seine Liebe, sein Eingehen auf den Menschen, sein Zusammenleben mit den Armen, dass all das hineingehoben ist in die Liebe Gottes und von da aus eine universale, alle Zeiten und Räume umfassende lebendige Wirklichkeit ist.

Auferstehung des Fleisches, das gibt all meinem Tun, jeder Begegnung, jeder gemeinsam erfahrenen Befreiungswirklichkeit, jedem scheinbar unbedeutenden Erleben eine ganz neue Dimension, die bis in Gottes Ewigkeit reicht. Alles, was für mich wichtig ist, wird auch für ihn wichtig. Welche Verantwortung auch, die Gott mir da zutraut. Auferstehung des Fleisches: Ich werde nicht einsam und allein, als abstraktes Individuum in Gottes Liebe leben, sondern lebendig verwoben mit allem, was mich bewegt, mit der manchmal rauschhaft erfahrenen Mystik von Frieden, Solidarität und Kampf, mit der Musik von Bach und Penderecki, mit der Bruderschaft im Orden, mit der Schwesterlichkeit der Katholischen Studierenden Jugend, mit der Geschwisterlichkeit der Steine, Pflanzen und Tiere. Mit der Sorge einer einsamen Frau, dass ihre Katze nicht überlebt. Wie das Gestalt annimmt in Gottes Liebe, das kann ich ihm überlassen.

Die „conditio humana“

Aus Erdenstaub
und Geisteshauch
sind wir gewoben,
Frau und Mann,
Adam, der Erde zugewandt,
Chavva, des Lebens
Hüterin.

Ob Siedler oder
Wüstensohn,
ob Bettler oder
Königin,
wir Evas Kinder,
allesamt,
solln eins des andern
Hüter sein.

Wir sind wie Abels
Bruder Kain,
blind für den andern,
taub für Gott,
wir sehn des andern
Antlitz nicht,
hörn nicht das Wort:
Er ist wie du.

Gebär uns, Chavva,
noch einmal
und schreibe die
Geschichte neu,
zeig uns in
deiner Zärtlichkeit
die neue Menschen-
möglichkeit.

Die leuchtet auf in
Jesus Christ,
der Sonne der Ge-
rechtigkeit,
im Brot, das sich an
uns verteilt,
im Wein, der unser
Leben ist.

Eine Stimme uns voraus

Brandopfer und Schlachtopfer waren ein wichtiger Teil der Liturgie des alten Israel, und die geregelte Form ihrer Darbringung war für viele sicher ein unerlässlicher Garant für das Wohlergehen des Gemeinwesens. Aber schon im 1. Buch Samuel wird dieses in der ganzen religiösen Welt dieser alten Zeiten verbreitete Verständnis infragegestellt. „Hat der Herr an diesen Opfern wohl das gleiche Gefallen wie am Gehorsam gegenüber der Stimme des Herrn?" Ja, wichtiger als diese unmissverständlichen, konkreten Zeichen der „Sakramente" erscheint dem Buch Samuel der „Gehorsam gegenüber der Stimme", und das „Hinhören ist besser als das Fett von Widdern". Allwöchentlich erinnert uns das Stundenbuch an diesen Text aus unserer Glaubensüberlieferung, wahrlich eine gefährliche Erinnerung. Als die Kinder Israels zu Tausenden aus unserem Lebensumfeld abtransportiert wurden, da wurde das „Messopfer" zehntausendfach dargebracht, aber die Stimme des Herrn fand keine Beachtung, der da unhörbar unüberhörbar rief: „Ich bin Adonai, dein Gott, der dich aus dem Sklavenhaus herausgeführt hat. Du sollst keinen Abgott neben mir haben. Du sollst dich Mord und Totschlag widersetzen. Du sollst der Lügenpropaganda widersprechen." Und hatte nicht der Apostel Paulus, der die Gemeinde des Jesus von Nazaret aus ihren jüdischen Anfängen in die Weite der Weltstämme hinausgeführt hatte, der Gemeinde in Rom geschrieben: „Das Reich Gottes besteht nicht nur in Essen und Trinken, wie ihr es bei euren eucharistischen Mahlzeiten feiert, es ist auch und vor allem Gerechtigkeit, Friede und Freude im Heiligen Geist, und wer Christus so lebt, der hat etwas von der anerkennenden Stimme Gottes gehört, und auch die Menschen werden in ihm eine Einladung vernehmen, der sie gerne Folge leisten möchten."

In unseren Sakralreligionen wie in unsern Zivilreligionen haben wir uns handgreifliche quasisakramentale Sicherheiten geschaffen, die uns unumstößlich erscheinen, die aber von der leisen Stimme Gottes, wie sie in den Überlieferungen der Jesusgeschichte hörbar wird, relativiert oder außer Kraft gesetzt werden. So zeigt uns das Johannesevangelium im vierten Kapitel, wie Jesus gleich drei geheiligte Überzeugungen hinter sich lässt.

1. Das Heiligtum von Nation und Nationalismus: Als Jude tritt er in ein Gespräch ein mit einer Samariterin und relativiert in aller Unbefangenheit die Grundüberzeugungen sowohl der gegnerischen wie der eigenen Seite.

2. Das Heiligtum der Geschlechterrollen: Er hält sich ganz einfach nicht an die vorgegebenen Grenzen; er spricht eine Frau, noch dazu eine Ausländerin, an, er bittet sie um Wasser, er führt mit ihr ein Gespräch, das in persönliche und religiöse Tiefen geht.

3. Das Heiligtum der religiösen Symbole: Das Gespräch findet in Sichtweite des Berges Garizim statt, der die traditionelle Kultstätte der Samariter ist, und er als Jude steht für die Frau aus Samarien für den Tempelberg in Jerusalem, das Heiligtum schlechthin der jüdischen Welt. Für Jesus sind diese Heiligtümer zwar wichtig, aber absolut zweitrangig: „Glaube mir, Frau, die Stunde kommt, zu der weder der Berg Garizim noch der Tempelberg in Jerusalem ausschlaggebend sind. Die Stunde kommt, und sie ist schon da, zu der die wahren Beter den Vater anbeten werden im Geist und in der Wahrheit, denn so will der Vater angebetet werden."

Im hebräischen Verständnis steht der Begriff „Wahrheit" nicht im Gegensatz zu „Irrtum" oder „Falschaussage", er bezeichnet vielmehr die Zuverlässigkeit der Treue Gottes, der alle seine Kinder liebt und sie zu eben solcher Liebe einlädt und befähigt. Die Schriften Israels und der Christen betonen allesamt, dass wichtiger als das Befolgen von Riten und Vorschriften das Hinhorchen und Eingehen auf die Stimme einer geheimnisvollen Gegenwart des Göttlichen ist, und diese Stimme spricht von der Liebe, die diesem Geheimnis entspringt und Menschen auf die Rückkehr in Liebe zu eben diesem Geheimnis einlädt, ein Geheimnis, das sich allerdings auch als in jedem Menschen gegenwärtig erkennen und lieben lassen will. Jeglicher, erst recht der gewaltbereite, Islamismus, jeglicher exklusive christliche Fundamentalismus, jede Betrachtung des politischen und gesellschaftlichen Geschehens aus der isolierten Sicht nur einer Nation, jeder Nationalismus und Pegidismus, jedes wirtschaftliche Agieren, das Elend und Tod anderer verursacht oder in Kauf nimmt, müsste zumindest von Menschen, die sich auf die biblischen Schriften berufen, als Gottlosigkeit und Atheismus bezeichnet werden. Und neben dem (eucharistischen) Essen und Trinken wäre dann der Einsatz für mehr Gerechtigkeit, die gemeinsame Suche nach Wegen zum Frieden und zur Versöhnung und das Bemühen, den Menschen, Freund wie Feind, fern und nah, reich und arm, Schritte zu gemeinsam erlebter Freude zu ermöglichen, ein Stück verwirklichten Himmels auf Erden wie auch gelebter Gottesdienst.

Der Glaube kommt vom Hören

Wie fänden wir zum Glauben, Herr,
wenn niemand von dir spricht,
kein Künder und kein Prediger
das Brot, dein Wort uns bricht?

Wie könnten sie verkündigen,
wenn niemand sie gesandt,
wenn nicht dein Geist bestätigte
die Werke ihrer Hand?

Mit Wort und Tat verbreiteten
sie deinen Namen, Herr,
wärn sie nicht mit uns unterwegs,
wir könnten längst nicht mehr.

Wir danken IHM, der pflanzen lässt,
den Pflanzen Wachstum schenkt,
der uns das Brot des Lebens bricht,
mit bestem Wein uns tränkt.

(Übertragung des niederländischen Liedes „Hoe zouden wij geloven, Heer" von H. Jongerius OP.)

„Im Hause meines Vaters sind viele Wohnungen" Joh 14,2

Seit mehr als sechzig Jahren ist Europa Zeuge einer Erfolgsgeschichte: Die Europäische Union hat für weite Teile Europas eine Friedensperiode eingeläutet, wie der Kontinent sie lange nicht mehr gekannt hat. Trotzdem sehen sich viele Bewohner des Kontinents vor schwierige Fragen gestellt: Wie sollen wir das Zusammenleben mit Zuwanderern aus anderen Ländern und Kontinenten gestalten? Welches sind unsere nationalen Identitäten in einer Welt, die sich mehr und mehr globalisiert?
Das Umfeld dieser Fragen ist für viele Menschen mit Angst besetzt. Daher fallen die Antworten oft einseitig oder gar engstirnig aus. Es scheint, als habe die Jesusgemeinde nach Ostern schon ähnliche Erfahrungen gemacht. Zunehmende Spannungen mit der jüdischen Muttergemeinde, Auseinandersetzungen zwischen hebräisch-aramäisch sprechenden und griechischsprachigen Gemeindemitgliedern (Apg 6,1-6) und der radikale Schritt von der vertrauten jüdischen Welt in den Kosmos der anderen (heidnischen) Völker. Daher sagt Jesus im Johannesevangelium entgegen aller engen Sicht: „Im Hause meines Vaters sind viele Wohnungen" (Joh 14,2). Da wir als Jesusmenschen eingeladen sind, mit ihm jetzt schon hier auf Erden zu leben, was im vollen Sinn erst in der vollendeten Herrschaft Gottes möglich sein wird, sollten wir uns von diesem Wort unsern Weg weisen lassen. Vielleicht ist es gut, um unsern Blick auf die Diskussion in den Niederlanden zu lenken, um daraus Schlussfolgerungen für unsere Situation zu ziehen.
Auf die Frage, wie das neue „WIR" der alteingesessenen Bevölkerung mit den Neuankömmlingen aussehen soll, hat es in den letzten zwanzig Jahren fünf verschiedene Antworten gegeben, und eine sechste kommt in jüngster Zeit hinzu.
Die erste Antwort war, dass Integration ein Prozess ist, den beide Gruppen gemeinsam durchlaufen, beide gemeinsam unter-

wegs zu einer „multikulturellen“ Gesellschaft, in der das Prinzip der Gleichheit gilt sowie das Recht auf Verschiedenheit.
Eine zweite Antwort fordert von Einheimischen wie Zuwanderern die Anerkennung der Menschenrechte. Das neue „WIR“ ist geboren, wenn jeder überall die Menschenrechte respektiert und sich auf den Weg macht, ein Weltbürger zu werden.
Eine dritte Antwort sieht das neue „WIR“ realisiert, wenn die neuen Bürger gute Schulleistungen verbuchen und auf dem Arbeitsmarkt Erfolg haben. Das neue „WIR“ als ein wettbewerbsfähiger Wirtschaftsfaktor im Globalisierungsprozess, sozusagen die „Niederlande GmbH“.
Eine vierte Antwort sieht das neue „WIR“ realisiert, wenn die Neuankömmlinge „moderner“ werden. Die Integration ist gewährleistet, wenn die Fremden werden, wie wir sind: säkularisierte, aufgeklärt denkende, westliche Bürger.
Die fünfte Antwort sieht vor, dass sich die Migranten assimilieren. Das neue „WIR“ verlangt die Identifikation mit der niederländischen Kultur und Geschichte, Auch mit den nationalen Gewohnheiten und Empfindlichkeiten. Letztlich: der alte Nationalstaat mit seiner nationalen Kultur und seinem historischen Erbe.
In jüngster Zeit gewinnt eine sechste Antwort mehr und mehr Zustimmung. Die Zuwanderung ist eine politische Gefahr geworden, und ein neues „WIR“ ist nur möglich, wenn der Koran verboten und „in den Papierkorb geworfen“ wird.
Jesus sagt: „Im Hause meines Vaters sind viele Wohnungen“; wo wir diesen Vater als „Vater unser“ anrufen, sind demnach auch viele Wohnungen. Wie wollen wir diese Wohnungen für alle Gotteskinder einrichten? Vielleicht kann uns Naema Tahir weiterhelfen.
Sie hat pakistanische Wurzeln und einen britischen und einen niederländischen Pass. Gleichheit zwischen Einheimischen und Migranten erscheint ihr als eine Wahnidee. Eine ideal integrierte Migrantengesellschaft wie ganz und gar „weiße“ Niederlande

sind für sie undenkbar. Ihr Stichwort lautet: Partizipation – Teilhabe. Niemand versteckt sich hinter seiner eigenen Kultur und Gruppe, jeder versucht, teilzunehmen am Leben des Andern; das andere wird nicht abgelehnt, braucht nicht aufgegeben zu werden. Wir sind nicht mehr nur Deutsche oder Niederländer, Einheimische oder Zuwanderer, Türke oder Muslim, Christ oder Atheist, sondern auch Schüler, Studentin, Geschäftspartner oder Kollegin.

Ist das nicht der Weg der Liebe, die den Anderen nicht zunächst umkrempelt nach eigenem Bild und Gleichnis? Sondern ein Weg, der ihn mitgehen lässt in unseren Schuhen und gleichzeitig seine Schuhe anzieht?

So können wir miteinander die Wahrheit des Anderen erfahren und so miteinander leben und einander leben lassen.

Und so befinden wir uns dann, welche Religion oder Weltanschauung auch immer die unsere sei, auf dem Weg Jesu, der uns begegnet als „der Weg, die Wahrheit und das Leben“(Joh 14,6).

Si vis pacem, para pacem

Ordensleute gedenken des 8. Mai

Einseitig fing alles an,
die Sache mit Jesus,
da war die Rede von der Ehre Gottes
und dem Frieden auf Erden,
und von Krieg war nicht die Rede,
und diese „in terra pax hominibus"
war einseitig entgegengesetzt
der „pax Romana",
dem Frieden,
den die Herrschenden brauchten,
der von oben kam mit Feuer und Schwert
und unten Gehorsam verlangte
und darum immer bedroht war
und immer auf das Schlimmste
gefasst sein musste
und folglich zu verteidigen war
gemäß der einsichtigen Formel:
„Si vis pacem, para bellum" –
wenn du den Frieden willst,
bereite dich auf den Krieg vor.

Den klugen erfolgreichen Römern
wird man doch wohl noch trauen dürfen,
eher als der etwas weltfremden Bibel,
und so halten wir es seit 2.000 Jahren:
wir wollen den Frieden,
sind aber gerüstet zum Krieg,
damit uns nur ja nichts passieren kann;
und obwohl diese Formel seit 2.000 Jahren
keinen Krieg verhindert hat,

vertrauen wir ihr noch immer
und nicht der weltfremden Bibel.
40 Jahre nach dem Ende eines Krieges
diesen Krieg zu erinnern,
zu sehen, ob wirklich Friede ist,
einen neuen Krieg unmöglich
zu machen –
wie und wo soll das geschehen?
Ein staats-kirchlicher Gottesdienst
mit Kanzlern, Ministern, Präsidenten,
mit Aufsichtsräten und Vorständen,
mit Bischöfen und Präsides,
mit Oberkirchenräten und Kardinälen
im Kölner Dom?
Über den Gräbern
von Hitlers Elitesoldaten,
wo der Präsident einer Weltmacht
den Kanzler des ehemaligen Feindstaats
noch fester einschwört
auf das Bündnis gegen die andere
Weltmacht?
Oder an einer Stätte der
Menschenvernichtung,
wo man der einen Opfer gedenkt,
die anderen aber totschweigt
und damit zum zweiten mal tötet?

Die „Initiative Ordensleute für den Frieden“
ging nach Bell und Hasselbach im Hunsrück,
wo die alte Formel „Si vis pacem, para bellum“
wieder einmal zum Leben erweckt wird:
Wieder muss der Friede verteidigt werden,
wieder müssen wir zum Krieg gerüstet sein,
wieder darf uns dafür kein Preis zu hoch sein,

wieder müssen Räder rollen,
wieder werden Landschaften zerstört,
wieder müssen Menschen
der Maschinerie des Todes dienen,
wieder zielen unsere Waffen Richtung Osten,
wieder leben wir in Vorkriegszeit.

Für Menschen, die sich einseitig festlegen lassen
auf „Ehre sei Gott und den Menschen Friede",
ist hier der richtige Ort zu gedenken:
des Auszugs aus den Selbstverständlichkeiten
der Pharaonen und Kaiser,
der Führer und Oberbefehlshaber,
der Kanzler, Präsidenten und Ersten Sekretäre;
des langen Marsches durch die Wüste,
des Hungerns und Dürstens nach Gerechtigkeit,
der Sehnsucht nach Zukunft
und der Zweifel, ob nicht doch der alte Weg richtiger war;
der Konfrontation mit Pharao,
der Rettung in letzter Minute am Schilfmeer,
wo sich das Leben der kleinen Leute
als stärker erwies
als alle militärische Planung.

Hier schlagen Schwestern und Brüder
für eine Woche ihre Zelte auf,
ständig um die fünfzig,
manchmal sind auch hundert da:
Franziskaner und Missionsärztliche Schwestern,
Servitinnen und Dominikaner,
Spiritaner und Jesuiten.
Sie stellen sich der Wirklichkeit
des „Si vis pacem, para bellum",
fragen: „Wem nützt eine solche Art der Friedenssicherung?",

und setzen ihre Zeichen des Lebens gegen den Tod,
mit dem die Mächtigen drohen:
Wachen und Beten rund um die Uhr.
Gemeinschaft mit den (meist)
evangelischen Christen am Ort,
die seit langem täglichen Widerstand leisten,
Werbung um die Menschen (oft Katholiken),
die noch zögern,
dem Auszug aus dem Krieg sich anzuschließen.

Am 8. Mai dann:
ein Weg der Buße, der Scham, der Erinnerung,
der Hoffnung und der Ermutigung.
In der katholischen Kirche von Kastellaun:
Wir gedenken der Rolle der Kirche,
sind beschämt, dass sie nicht deutlicher
Zeichen des Widerspruchs war,
singen bewusst die Lieder der Opfer,
die das „Gotteslob“ überliefert:
ein Lied Jochen Kleppers,
der in ausswegloser Lage
mit seiner jüdischen Frau in den Tod ging,
ein Lied Edith Steins, Christin und Jüdin,
die auch die Flucht nach Holland
vor dem Transport nach Auschwitz
nicht retten konnte.

Auf dem Marktplatz von Kastellaun,
Zentrum des kleinstädtischen Lebens:
Wir gedenken schweigend der Rolle des Geldes,
das immer am Krieg mitverdient hat,
unseres Geldes, das wir harmlos einer Bank anvertrauen
und das damit einfließt
in den mörderischen Lauf dieser Welt.

Auf dem jüdischen Friedhof in Kastellaun:
Wir gedenken der jüdischen Opfer,
der Zerstörung ihrer Gemeinden,
die unter uns und mit uns lebten,
und die wir nicht schützen konnten und wollten.
Wir verhüllen unser Haupt,
legen Steine des Gedächtnisses auf die Gräber,
singen in der Sprache Israels
ein jüdisches Friedenslied.

Vor der Bundeswehrkaserne in Kastellaun:
Wir gedenken der Friedensaufgabe der Kirche,
sitzen in kleinen Gruppen
vor der Kaserne auf dem Rasen,
viele junge Leute, vor allem lesen,
bedenken, besprechen,
was Paulus im Epheserbrief schreibt
über die einzige Rüstung, die uns Christen ansteht:
„für das Evangelium vom Frieden zu kämpfen".

Am Kriegerdenkmal von Hasselbach:
Wir gedenken der vielen kleinen Leute
aus diesem kleinen Dorf,
die Opfer der Mächtigen wurden.
Wir lesen ihre Namen und Todesdaten.
Zweimal in diesem Jahrhundert
die Welle der Gewalt,
die dieselben Familien traf.
„Helden" nennt das Denkmal die Opfer,
vergeblicher Versuch,
ihrem Tod einen Sinn abzugewinnen.

Am Eingang zum Stationierungsgelände:
Wir gedenken des ganzen Wahnsinns,

Vergangenheit, Gegenwart, Zukunft;
wir sind eine bunte Versammlung geworden:
Menschen aus den örtlichen Friedensgruppen,
aus den evangelischen und katholischen
Gemeinden des Hunsrück,
viele junge Leute, vor allem
die Katholische Studierende Jugend
aus Aachen, Essen, Mainz, Speyer und Trier.
Ein evangelischer Pfarrer bläst die Trompete,
im Angesicht der Raketenstellung,
die gen Osten zielt, singen wir
Gesänge der russischen Christen,
ein Franziskaner predigt unverblümt:
„Was wir hier vor uns sehen,
das ist der Balken in unserem Auge,
den müssen wir entfernen,
bevor wir vom Splitter im Auge des anderen reden.
Einen solchen Balken herauszuoperieren,
wird wehtun, aber es muss geschehen,
sonst bleiben wir eben blind."

Die Hoffnung ist in uns wach geworden:
Das Unheil, das uns droht, ist noch entsetzlicher
als das, was vor 40 Jahren zu Ende ging,
aber es ist kein blindes Schicksal,
das unaufhaltsam auf uns zukommt,
wir werden die Kraft finden, es zu
wenden.
Bis tief in die Nacht dauert das Fest
inmitten unserer Zelte
auf dem Beller Markt.

Ob er das darf?

Ob er das darf, der Stadtplaner,
der ein ganzes Stadtviertel wegplant
zugunsten neuer Industrieanlagen,
der Hausbesitzer, der größere Rendite erhofft,
als ihm die alten Mieter bringen können,
der Abbruchunternehmer,
der die alten, wohnlichen Häuser abreißt?
Er darf, denn Eigentum ist heilig,
nicht aber der Mensch,
der jahrelang im Viertel wohnte,
jeden Winkel, jeden Menschen kannte
und nun verdrängt wird
in die Hochhauswüste fünf km vor der Stadt,
wo er ein halbes Jahr noch aushält,
um dann an Einsamkeit und Kälte zu sterben.

Ob er das darf, der Grundstücksmakler,
dem die Häuser des Viertels gehören,
die alten Mieter vertreiben,
damit Türken zu zehn in einem Zimmer
ein Mehrfaches an Miete erbringen,
die Häuser notgedrungen kaputtwohnen
und den Weg freimachen für den Abriss?
Und ob er das darf, der Grundstücksmakler,
wenn die Stadtplanung sich ändert,
die Türken wieder aus den Häusern setzen,
die Wohnungen zu Luxusappartements umbauen,
die dann zur Hälfte leerstehen?
Er darf, denn Eigentum ist heilig,
nicht aber die Menschen,
ob Einheimische oder Türken,
die sind nur Manövriermasse
und haben sich zu fügen.

Ob sie das dürfen,
die Haus-instand-besetzer,
einfach in ein Haus einzuziehen,
das wohnlich und alt ist und leersteht,
verhindern, dass ein Stück Geschichte abgebrochen wird,
es einrichten, dass sie darin leben können,
als Gemeinschaft von miteinander Wohnenden,
es nutzen als Lebensraum,
statt es der Vernichtung preiszugeben
zugunsten umweltzerstörender Industrie,
zugunsten menschenfressender Bürokratie,
zugunsten einer anonymen Orgie
von Beton, und Glas und Stahl?

Ob sie das dürfen,
die Haus-instand-besetzer,
anstatt schlau die Gesetzeslücken auszunutzen
wie die Hausbesitzer,
ganz einfach zuzugeben,
dass sie ein höheres Gesetz kennen
als das von Kapital und Eigentum?

Ob sie das dürfen,
anstelle von Profit, Konkurrenz
und sozialer Ungerechtigkeit,
die in unserer Gesellschaft als normal gelten,
den Auszug aus Anonymität und Isolation
probieren
und nicht so „normal“ sein wie die meisten?
Sie dürfen nicht
im Namen von Geld, Besitz und Eigentum,
sie dürfen nicht!
Aber vielleicht kommt einmal
ein Haus-Besetzer zu einem Häuserbesitzer,

vielleicht wie Jesus zu Zachäus,
der der oberste der Geldelite war.
Und vielleicht sagt er ihm:
„Heute muss ich in einem deiner Abbruchhäuser sein."
Und vielleicht sagt der Häuser-Besitzer
zu diesem Haus-Besetzer:
Die Hälfte meines Besitzes gebe ich den Armen,
und wenn ich jemanden betrogen habe,
und das habe ich bestimmt,
so bin ich bereit, es vielfach zu ersetzen:
Lebensraum und Herrschaftsfreiheit für euch,
eine Miete, die erschwinglich ist,
und freundschaftliche Kommunikation mit allen,
die einen neuen Lebensstil versuchen,
damit auch ich frei werde,
von Schranken, die das Geld aufrichtet,
von Anonymität und Entfremdung.

Trotz und Träume

Glaubenserfahrungen in der Katholischen Studierenden Jugend (KSJ). Ein literarischer Dialog.

Titel der Zeitung meiner Leitergrundschulung 1981
Titel für den Antwortversuch auf Dein Gedicht »KSJ«
Momentaufnahmen von Träumen, Trotzen und Leben in unserer gemeinsamen Zeit in der KSJ
Ute

KSJ

Gott für mich da
und so viele sagen:
Ich sehe nichts

Gott für mich da
und manche fragen:
verzweifelst du nicht

Gott für mich da
und einige leben
als gäb es den Terror der Tatsachen
nicht
Diethard

Stufe um Stufe KSJ

Stufe um Stufe KSJ
die Leiter zwischen Himmel und Erde
träumen
mit Euch

wankend und ringend
in der Hoffnung
dies ist der Weg, der weiterführt

Stufe um Stufe
mühsam zäher Kampf in Schule,
Gruppe, Kirche
mit Euch
mir dabei den Kopf stoßend
in der Gewissheit
dass ihr mich auffangt

Stufe um Stufe KSJ
ungezähmt, liebend, streitend und
suchend weitergehen
mit Euch
phantasievoll, kritisch lebendiges
Engagement
die Leiter zwischen Himmel und Erde bauen
Ute

Exil

Nicht mehr Geistes voll
Tempel und Kanzleien.
Ausgewandert zu viele
nach Disneyland.
Nur Minenarbeiter und Anarchisten
bieten Asyl dem Geist
auf seinem Weg ins Exil.
Hier tapeziert er die Wände mit Freiheit,
öffnet Stummen den Mund,
und sie werden einander zu Boten,

lädt die Alleingelassenen zu Tisch,
der gedeckt ist mit Brot und mit Wein,
sendet aus an die Stacheldrahtzäune,
die das Nest der Atomschlange schützen,
bereitet sich vor wiedereinzuziehn
mit uns
in Tempel und Kanzleien,
sie umzuformen
zu Stätten des Asyls
für alle Gebeugten auf Erden.
Diethard

Für …

auf dem Markt der Möglichkeit
auf der Suche intensiven Lebens
Du
das Leben teilend
in den Ohren die Friedensmelodie
der Protestgesang
auf den Lippen die Sprache internationaler Verständigung
die Schreie der Entrechteten
in den Augen die Sehnsucht nach Befreiung
die Bereitschaft zur Versöhnung
mit verbrannten Händen umarmend
bereit aufzufangen, was fallen gelassen wird
auf dem Weg
Zeichen des Todes aufzuspüren
Kummer zu entdecken und zu teilen
oft genug die Wüste erfahrend
manchmal nahm Dich sicher die Angst an die Hand
trotzdem das Andere aushaltend
Dich Mächtigen in den Weg stellend

schreiend, kämpfend, schweigend und zerzaust
verwundbar
doch wissend
unser Gott ist ein solidarischer Gott
Erfahrung ungeahnter Tiefe mit Dir
auf dem Markt der Möglichkeit
Ute

Freiheit

Freiheit, stete, höhlt den Stein,
Freiheit schrie als alle schwiegen,
Freiheit heißt: in Wehen liegen;
ob an Gräbern oder Wiegen
guter Hoffnung sein.

Freiheit ist wie Brot und Wein,
Leben miteinander teilen
Wunden, die für immer heilen,
sich erinnern und verweilen,
gegenwärtig sein.

Freiheit ist die offne Hand,
Augen, die den Bruder sehen,
Füße, die zur Schwester gehen,
Friede ohne Missverstehen
über Stadt und Land.

Freiheit ist ein Stückchen Land,
groß genug, darauf zu wohnen,
Himmel, sichtbar in Ikonen,
Freiheit heißt: sich selbst nicht schonen,
Paradies aus Sand.

Freiheit: hier wie überall
werden Menschen neugeboren,
Freiheit: Lied für Menschenohren,
ging es jemals uns verloren,
sängs die Nachtigall.
Diethard

Glaubensbekenntnis

Wir, die wir in einer Welt des Todes, Krieges, der Ungerechtigkeit, der Umweltzerstörung, des Leidens leben, bekennen uns als Christinnen und Christen.
Wir erkennen Gott als unsern Vater und unsere Mutter, deren Interesse oft nicht die Interessen dieser Welt sind. Wir glauben an Gott, der der Ohnmächtige ist, wenn wir ihm nicht unsere Hände, unsere Liebe und unser Leben leihen; an Gott, der ohnmächtig zusehen muss, wie seine Schöpfung von uns immer mehr zerstört wird, deren Himmel militarisiert, deren Luft und Wasser nicht Leben bringt, sondern Tod, deren Erde vergiftet ist.
Wir glauben an Jesus Christus, den Befreier, den Aufmüpfigen, den Störer unserer Bequemlichkeit, in dem der Geist der Liebe, Freiheit, Gerechtigkeit und des Friedens weht. Er lebt mitten unter uns – mahnend und schreiend nach Gerechtigkeit; ein Zeichen des Lebens – vernichtet in einer Gesellschaft des Todes. Die Schuld tragen wir.
Doch sein Tod ist nicht das letzte Wort. Seine Auferstehung und sein Leben wird dort sichtbar, wo Menschen seinen Schrei nach Gerechtigkeit und Leben mitrufen, weiterrufen und verwirklichen.
Wir glauben eine Kirche, die Zeichen der Geschwisterlichkeit, der Einheit mit Gott und untereinander ist, die wahre Gemeinschaft hält mit denen, deren Aufschrei nach Gerechtigkeit täg-

lich erstickt wird. Wir glauben an ein Leben im Reich Gottes, das wir immer wieder suchen müssen, das anfanghaft schon da ist, wo wir Liebe, Geschwisterlichkeit und Hoffnung erfahren – Gottes großartiges Geschenk trotz unserer Schuldhaftigkeit.
Ute

(Ute Stachelhaus, Diözesanleiterin der KSJ im Bistum Essen / Diethard Zils, Geistlicher Leiter der KSJ im Bistum Essen.)

IX

Einheit in Vielfalt

Europa

Europa-Litanei

Heiliger Kasimir Königssohn
versöhne die zerstrittenen Völker
bitte Schwester Maria um eine Friedensinitiative
auf Polnisch
auf Litauisch
auf Latein
bitte für uns und alle Jagiellonen

Heilige Hedwig Herzogin
verbind die entfremdeten Nachbarn
bitte Schwester Maria um ein neues Lied
auf Deutsch
auf Polnisch
auf Latein
bitte für uns und alle Schlesier

Heiliger Adalbert Vojtech Wojciechu
Europäer avant la lettre
bitte Schwester Maria um ihr Himmelsblau und ihr Sternengold
auf Tschechisch und Ungarisch
auf Polnisch und Slowakisch
auf Deutsch und Latein
bitte für uns und alle Europäer

Heilige Dorothea Mutter Pilgerin Seherin
sammle die Tränen der Entzweiten in einen Krug
bitte Schwester Maria um ihren Trost
auf Deutsch
auf Polnisch
auf Latein
bitte für uns und für alle an Weichsel und Rhein Oder und
Neiße Memel und Bug

Heiliger Hyazinth Predigerbruder
lehr uns die Wahrheit die frei macht
bitte Schwester Maria dass sie den Mantel schlägt
auf Polnisch, Wasserpolnisch und Pruzzisch
auf Plattdeutsch, Kaschubisch und Deutsch
auf Griechisch, Kirchenslawisch und auf Latein
um all ihre Geschwister
in Deutschland und Polen in der Ukraine in Pommern und
Schlesien und Litauen

Heilige selige Edith Stein vom Kreuze Gesegnete
führ uns zurück zu unsern geistlichen Wurzeln
bitte Schwester Maria dass sie uns zeige ihr jüdisches Kind
auf Deutsch und auf Polnisch
auf Niederländisch und auf Hebräisch und auf Latein
bitte für uns
und alle Ermordeten von Auschwitz und Stutthof und von wo
auch immer

Heiliger Maximilian von Auschwitz
tau auf die der Schrecken erstarren ließ
bitte Schwester Maria um ihre Narben die brennen
auf Polnisch
auf Deutsch
auf Latein und Lettisch
bitte für uns und alle die nicht wissen wie es möglich war

Heilige Birgitta sponsa Dei et canale
teile mit uns die Verwundbarkeit die dich stark macht
bitte Schwester Maria uns die heiligen fünf Wunden zu zeigen
auf Schwedisch und Estnisch
auf Polnisch und Deutsch
in der Sprache Dantes und auf Latein
bitte für uns und für die Menschen und Völker im Ostseeraum

Einheit in Vielfalt

Symbiose als Beitrag zum friedlichen Miteinander

Liebe Schwestern und Brüder vom „Mare balticum“ und von allen anderen Meeren der Welt!
„Britains never will be slaves!“ – Briten werden niemals Sklaven sein – so sagt es trotzig ein englisches Lied. Wir möchten uns diesem Schwur anschließen und erinnern uns an Bertolt Brecht, der den Menschen so sieht: „Er will unter sich keinen Sklaven sehn und über sich keinen Herrn.“ Leider bejaht das englische Lied nur den zweiten Teil des Brechtschen Verses, wenn es singt: „Rule, Britannia, Britannia rules the waves“ – Herrsche, Britannien, Britannien beherrscht das Meer. Dem Geist unseres Beisammenseins näher als diese angelsächsische Drohgebärde ist der slawische Zugang zum Meer; ein kroatisches Sprichwort von der Adria sagt: Wenn ich meinen Finger ins Meer stecke, bin ich mit der ganzen Welt verbunden. So ist es denn auch nicht verwunderlich, auf Pilgerwegen in diesem mittelmeerischen Land Stimmen vom Baltischen Meer zu vernehmen. Von dort jedenfalls kam das Gedicht, das ich in Kroatien fand und ins Deutsche übertrug:

Es gibt ein ungewöhnliches Haus
in der Welt.
Da fanden sich Freunde
zu froher Tafelrunde.

Da ist es im Fensterchen Frühling.
Da gibt es Flieder und Jasmin.
Jemand singt ein Lied.
Und der Kamin wird entfacht.

Da ist Wein auf dem Tisch,
und die Seele ist nicht im Dunkeln.
Gib, Gott, dass sie dort auch
meiner gedenken.

Ein ungewöhnlicher Blick von der Ostsee in die Welt. Sie erscheint unbehaust, freudlos, kalt und kahl, autistisch und menschenfeindlich. Aber nicht hoffnungslos. Denn es gibt ja – irgendwo in der Welt – das eine ungewöhnliche Haus, das die frohe Tafelrunde beherbergt, wo es Freundschaft gibt und die Eiszeit dem Frühling gewichen ist, wo es Blumen gibt, das leise Lied, und Wein auf dem Tisch, wo es das nicht gibt, was für mich das Erschütterndste an der Situation des Landes ist, in dem unser Dichter schreibt: dass die Seele im Dunkeln ist. Ebenso erschütternd ist aber auch die Bescheidenheit des Autors, der Gott nicht bittet, ihn an all dieser ihm vorenthaltenen Herrlichkeit teilhaben zu lassen, sein Wunsch und Gebet ist es nur, dass man in jenem Haus menschlicher Nähe und Wärme auch seiner gedenkt.

Ich erkenne in diesem Gedicht des russischen Dichters Aleksandr Fajnberg die Vision des Dr. Wladimir Gilmanow aus Kaliningrad/Königsberg, aber ich höre darin auch den Widerhall seines dramatischen Rufs um Hilfe für eine Region und ihre Menschen, für die noch kein Frühling sichtbar ist, und wo die Seele im Dunkeln ist.

„Symbiose als Beitrag zum friedlichen Miteinander" fängt damit an, dass wir solche Stimmen wie die von Aleksandr Fajnberg vernehmen, dass wir uns die Augen öffnen lassen von den Visionen, wie sie Wladimir Gilmanow hat, dass wir das nicht nur als individuelles Problem eines sensiblen Menschen sehen, sondern als Ausdruck jener „moralischen Einsamkeit der Russischen Föderation auf der Landkarte Europas", von der Dr. Gilmanow sprach. Der erste Schritt ist das Gedenken. Gedenken macht präsent, die ermordeten Juden des Ostseeraums ebenso wie das Gebet eines Aleksandr Fajnberg oder die Visionen eines Dr. Gilmanow. Und diese Realpräsenz erfüllt uns mit heilender Kraft, dass wir Schritt für Schritt jene „Infrastruktur der Liebe" aufbauen, die dazu führt, dass mehr und mehr „im Fensterchen Frühling" ist, dass tägliches Brot und festlicher Wein mehr und mehr die Freundschaft Gottes erfahrbar machen, dass eine neue Wirklichkeit ersteht für die Vielen – „und die Seele ist nicht im Dunkeln". Es gibt zwei biblische Bilder für den menschlichen Versuch einer Symbiose, die zum friedlichen Miteinander führen soll. Das eine Bild ist uns überliefert im Buch Genesis. Es ist die Vision einer Hochkultur, die eine Globalisierung anstrebt, die in ihrem Versuch, sich einen Namen zu machen, alle Vielfalt und alle Anerkennung von Grenzen des Machbaren ausschließen will. Ausdrücklich spricht die Bibel hier von einer dreifachen Einheit: Ein Name, ein Volk, eine Sprache. Aber diese vom Willen zur Macht forcierte Einheit hat keinen Bestand. Das Imperium und seine überdimensionierten Heiligtümer zerfallen. Die eine aufgezwungene Sprache des Herrschaftssystems zerstört jegliche Verständigung von Mensch zu Mensch.

Hier liegt der Schlüssel zum Verständnis eines scheinbaren Widerspruchs: Einerseits leben wir im Zeitalter der Globalisierung, die möglich wird durch die ungeheuren Fähigkeiten der elektronischen Medien, die uns faszinieren, aber auch vor gewaltige ethische, soziale und politische Probleme stellen. Dennoch vertraut alle Welt auf den globalen Markt, viele Länder wollen eiligst den europäischen und atlantischen Gemeinschaften beitreten. Auf der andern Seite erleben wir den Zerfall von Unionen und Föderationen, die vielen als unerschütterlich galten.

Was wir als „Sozialistische Föderative Republik Jugoslawien" kannten, begann 1918 als „Staat …", wurde später das „Königreich der Serben, Kroaten und Slowenen". Hier wurde Demokratie versucht, aber Parlamentarier der stärksten Nation schossen 1928 fünf kroatische Abgeordnete im Belgrader Parlament nieder! Die daraus entstehenden Unruhen nutzte der serbische

Königshof zur Einführung der Königsdiktatur und zur Tilgung der Volksnamen. Es gibt keine Serben, Kroaten und Slowenen mehr, nur noch ein Name gilt: Jugoslawen, d. h. Südslawen, in einem unitären Jugoslawien. Der Staat zerbrach, musste zerbrechen, 1941 wie 1989.

Die Sowjetunion duldete Völker höchstens als folkloristische Restbestände, es wurden gewaltige Anstrengungen unternommen, Millionen Opfer produziert, um den „homo sovieticus", um das „Sowjetvolk" zu kreieren. Es führte nicht zum Erfolg: Die zum Verschwinden verurteilten kleinen Nationen der Esten, Letten und Litauer segeln heute wieder unter ihrer eigenen Flagge und erfreuen sich und uns ihres eigenen uralten Namens.

Das andere Modell für eine Symbiose als einer Einheit in Vielfalt überliefert uns die Apostelgeschichte. Da begegnet uns „ein spirituelles Wort-Gewitter". Es erscheinen „Zungen wie von Feuer", es ereignet sich eine feurige Rede, die das Verschiedene verbindet und die Verschiedenen einig werden lässt. So beschrieb im Wendejahr 1989 die Frankfurter Allgemeine Zeitung das Pfingstereignis und nannte es eine Huldigung an die Sprache. Gemeint war „das inspirierte, frische, freimütige Sprechen, nicht das Vorsprechen, Vorschreiben, Nachbeten, Nachplappern von schlagenden Worten".

Und weiter hieß es da: „Die Menschen, die der Geist überkommt, können alle plötzlich reden – zu jedem Fremden in seiner Sprache, das heißt: so verständlich, so differenziert, so ansprechend wie nur möglich. Gott wendet sich so an jedes Volk. Eine multikulturelle, fremdenfreundliche, auch sehr poetische Botschaft."

Hier hat jeder und jede das Recht auf seinen und ihren Namen, das Recht auf die eigene Sprache. Hier gibt es keine Romanisierung, keine Gräzisierung, auch keine Judaisierung, folglich auch keine Germanisierung oder Polonisierung, keine Russifizierung und keinen Jugoslawismus. Welch ein Unterschied zur Szenerie von Babel. Dort die forcierte Einheit: „Auf, bauen wir uns eine Stadt und einen Turm mit einer Spitze bis zum Himmel, und machen wir uns damit einen Namen, dann werden wir uns nicht über die ganze Erde zerstreuen." Hier ebenfalls der eine Ort: „Als der Pfingsttag gekommen war, befanden sich alle am gleichen Ort", aber dann das Ereignis des Geistes, der alle Enge sprengt, ein Ereignis aus einer ungeahnten Fülle, die sich verteilen, die sich vor allem mitteilen will (Ich zitiere hier wiederum die Frankfurter Allgemeine Zeitung). So konfrontiert Pfingsten die enge Welt galiläischen Judentums mit der Weite der Völkerwelt, konfrontiert aber auch das hellenistisch-römische Imperium mit der Hochschätzung der kleinen Völker, die das Imperium nur verächtlich Barbaren nennt. Während Babels stolze Einheit dazu führt, „dass keiner mehr die Sprache des andern versteht", steht die Pfingstgemeinde von Jerusalem für das eine Volk Gottes „aus allen Sprachen, Stämmen und Nationen", für das auf den Wegen der Welt pilgernde Gottesvolk, das in seiner Liebe zu jedem Volk, in seiner Achtung für jede Sprache, in seiner geistgewirkten Zentralität, die jeder Demagogie, jedem Zentralismus abhold ist, zum Sakrament der Einheit aller Menschen dieser Welt wird.

Darum ist der zweite Schritt, der zur Symbiose, zum friedlichen Miteinander führt, die Vorfahrt, die wir gewähren, der Vertrauensvorschuss, den wir einräumen gerade den kleinen Völkern, den Slowenen und Kroaten, Iren und Flamen, Esten, Letten und Litauern. Es steckt noch viel Babel in uns westlichen Europäern. Vorwürfe an Kroatien: „Wir sind dabei, das vereinte Europa aufzubauen, und ihr zerstört euer multikulturelles Jugoslawien." Ratschläge an die baltischen Völker: „Verzichtet auf eure staatliche und nationale Wiederauferstehung; das könnte Gorbatschow in Gefahr bringen und unsern labilen Frieden mit dem sowjetischen Imperium stören und als es später in Lettland zu kleineren Inzidenten kam, weil einige verwundete und nervös gewordene Letten ihre russen-unfreundlichen Gefühle zum Ausdruck brachten, da sagte der italienische Ministerpräsident

Prodi, nicht etwa in Riga gegenüber der lettischen Regierung, sondern in Moskau gegenüber der russischen Regierung. „Der Einzug Lettlands in die Europäische Union ist nicht nahe bevorstehend. Vorfälle, wie sie sich jüngst ereignet haben, entfernen dieses Land noch mehr von den Vorbereitungsgesprächen zum Beitritt zur Union." Natürlich eine freundliche Einladung an Moskau, den russischen Bevölkerungsanteil in Lettland oder Estland weiterhin als Instrument zur Destabilisierung dieser Länder zu benutzen, eine Bevölkerungsgruppe, die zum großen Teil ausdrücklich deshalb nach Lettland oder Estland verbracht wurde, um die kleinen baltischen Nationen allmählich zum Verschwinden zu bringen.
Wenn wir den kleinen Völkern Vorfahrt geben, werden wir die Erfahrung machen, dass es sich hierbei um Völker handelt, die entsprechend einer Definition von Milan Kundera ständig in ihrer Existenz bedroht sind: „Ein kleines Volk ist ein solches, dessen Existenz in jedem Augenblick mit einem Fragezeichen versehen ist; ein kleines Volk kann jederzeit untergehen, und es ist sich dessen bewusst." Was diese Möglichkeit und das Bewusstsein dieser Möglichkeit für Litauer, Sorben oder Kroaten bedeuten kann, das beschreibt der slowenische Schriftsteller Drago Jančar so: „Für einen slowenischen Schriftsteller bedeutete das immer und bedeutet es weiterhin vor allem widerstehen. Selbstbestätigung im Widerstehen. Das erste slowenische Buch war ein Ergebnis des Protestantismus, die Situation des gegenwärtigen slowenischen Schriftstellers ist ebenfalls eine protestantische. Es geht dabei nicht nur um die Verteidigung der Sprache und des Volkes, sondern um die Verteidigung einiger moralischer Grundsätze schöpferischer Freiheit. Dem slowenischen Volk wie dem slowenischen Schriftsteller ist niemals etwas geschenkt worden, alles musste erkämpft werden, auch um den Preis der Einsamkeit, Demütigung, Verfolgung, Verbannung und Gefängnis." Jančar weist darauf hin, dass Franzosen, Russen und Engländer nicht gewohnt sind, Fragen zur

Fortexistenz ihrer Völker zu stellen. Ihre Hymnen sprechen daher von „gloire“ und „Ewigkeit“, während die polnische Hymne – auch Polen fand sich zeitweilig in der Gesellschaft der kleinen Völker, die hier angesprochen sind – schlicht und präzise sagt: „Jeszcze Polska nie zgineła“ – Noch ist Polen nicht verloren. Wortwörtlich lassen sich die slowenischen Erfahrungen auf die Esten, Letten und Litauer übertragen.
Der nächste Schritt wäre dann eine Zusammenarbeit mit diesen Nationen. Jančar sieht zwei Möglichkeiten: Flucht aus der Geschichte oder das Aushalten der Geschichte. Flucht aus der Geschichte beinhaltet das ständige Beklagen alter Verwundungen, das Verharren in einmal gemachten negativen Erfahrungen, die sich dann als self-fulfilling prophecy immer wieder einstellen.
Die zweite Möglichkeit wäre ein Aufarbeiten der Geschichte, ein Aushalten der Geschichte, ein Aufsichnehmen der Geschichte, so wie sie war. Dies ist nicht einfach. Für Slowenen bedeutet es, den Abstimmungssieg der deutschsprachigen Seite in Kärnten nach dem Ersten Weltkrieg als ein für die Deutsch-Kärntner erfreuliches Faktum anzuerkennen, auch wenn es schmerzt, mit der Erkenntnis zu leben, dass das Zusammenleben von Deutschsprachigen und Slowenen in der Republik Österreich zur Assimilierung von 80 % der Kärntner Slowenen geführt hat, so dass der slowenische (links-katholische) Dichter Edvard Kocbek Kärnten als den „größten slowenischen Friedhof“ bezeichnen konnte; für die Deutschsprachigen bedeutet es die Anerkennung, dass die Slowenen mit ihrer kulturellen und historischen Identität zu Kärnten gehören, und dass es kein Ruhmesblatt deutsch-österreichischer Kultur ist, durch sozialen, wirtschaftlichen, politischen und kulturellen Druck zur Marginalisierung und Assimilierung der Kärntner Slowenen beigetragen zu haben. Jetzt können beide Seiten – Deutsche und Slowenen, Polen und Litauer, Letten und Russen, Esten und Baltendeutsche, Danziger und Kaschuben, Deutsche und Sorben u.s.w. u.s.w. – die ganze Vergangenheit auf sich neh-

men, gerade aus dem Grunde, dass sie sich nicht mehr wiederholt. Und dann können wir uns einer gemeinsamen Aufgabe stellen, die ein pfingstliches Miteinander möglich macht.
So wäre dann der nächste Schritt zur Symbiose als Beitrag zu einem friedlichen Miteinander der gemeinsame Widerstand gegen eine Gefahr, die allen Völkern Europas droht, besonders aber den kleineren Nationen Mitteleuropas: Nivellierung auf Primitivniveau und Verlust der eigenen Identität. Drago Jančar sieht diese Gefahr sehr deutlich: „Der amerikanische melting pot beschränkt sich nicht auf den nordamerikanischen Kontinent, seine Attraktivität beruht auf dem Individualismus, der zum Motor der gesellschaftlichen Dynamik geworden ist. Darin liegt noch nichts Schlechtes. Das Problem besteht einzig und allein darin, dass der Mensch sich von einem kultur-chauvinistischen Tier in ein Interessentier verwandeln kann. Dieses wird nicht nur von oben herab auf all unsre slowenisch-deutschen, ungarisch-rumänischen oder auch litauisch-polnischen Unterschiede herabsehen, sondern kraft seines ihm eigenen Schwergewichts allen seine eigene, für alle gleiche Kultur aufzwingen. Diese Kultur wird zweifellos provinziell sein. Sie wird zudem keinerlei autochthone Quellen haben noch Raum bieten für irgendwelche Krisenherde. Sie begnügt sich mit der Vereinheitlichung und dem Durchschnitt des Mittelmaßes. Es ist nicht schwer festzustellen, wie schnell dieser Prozess schon jetzt verläuft. “
Ich denke, wir können Jančar zustimmen, wenn er sagt: „Es geht uns nicht ums Überleben, sondern um das gemeinsame Leben, ein Leben, das nicht auf der ständigen Erneuerung uralten Hasses beruht, sondern statt dessen auf der Versöhnung mit dem, was war, einem tiefen Verständnis dessen, was ist, einer schöpferischen Verantwortung für das, was kommt. Und nicht um ein Leben, das um seiner planetarischen Kultur willen, die sich auf Durchschnittlichkeit versteht und damit zufrieden ist, alle Unterschiede niederwalzt, genau so intensiv jene, die

schädlich, wie jene, die schöpferisch waren. Auswege haben wir eigentlich zwei: Entweder lernen wir es zusammenzuleben, mit allen Unterschieden, mit allem, was war und was ist; oder wir lassen uns, mit allem, was war und was ist, zu einem großen Hamburger namens Mc Donalds Big Mac zermahlen. "

Noch einmal möchte ich die Frankfurter Allgemeine Zeitung von Pfingsten '89 zitieren und beherzigen: „Es geht um eine rationale Begeisterung durch Sprache und für die Sprache. Zu den glanzvollen Pfingstfeiern des Mittelalters gehörten Turniere: die Sprache des Schwertes und der Lanze. Das war wohl ein Missverständnis. Das Pfingstereignis ist viel eher ein Anlass, ein hinreißendes Gedicht zu suchen. Und es mindestens drei Leuten vorzulesen. "

Und das will ich hiermit abschließend auch tun:

Erde

Meine süße europäische Heimat,
Der sich auf deine Blumen niedersetzende Falter
befleckt seine Flügel mit Blut.

Blut füllt die Kelche der Tulpen,
Schillert als Stern auf dem Boden der Winden
Und spült das Korn deines Getreides.

Deine Menschen wärmen ihre blauen Hände
An der Wachskerze der Schlüsselblume
Und hören im Feld den Wind
Heulen in den Läufen entsicherter Waffen.

Land, wo es keine Schande ist zu leiden,
Wo man bewirtet wird mit dem Glas bitteren Tranks,
Auf dessen Grunde das Gift der Jahrhunderte lauert.

In deinen zerrissenen Abend der nassen Blätter,
An Gewässern, in denen immer noch Rost
Von verfallenen Rüstungen der Zenturien fließt.
Am Fuße zerschmetterter Türme,
Im Schatten der Spindel wie Schatten von Aquädukten,
Unter dem ruhigen Baldachin aus Eulenflügeln.
Roter Mohn, vom Reif der Tränen geköpft.

Czesław Miłosz, 1949, Washington
Übersetzung: Karl Dedecius

Hier spricht ein Pole mit Wurzeln auch in Litauen von der „ojczyzna“, und es ist 1949 in Washington. Ojczyzna ist nicht nur Heimat, wie Dedecius übersetzt, sondern auch Vaterland, und dieser Pole versteht es, nach all dem, was erst vier Jahre zurückliegt, unter dieser Ojczyzna, diesem Vaterland, nicht einfach Polen zu verstehen, sondern Europa, nicht das der babylonischen Systeme Berlins oder Moskaus, sondern das pfingstliche, wenn auch im vergossenen Blut und im Reif der Tränen geeinte Europa. Vertrauen wir dieses Europa einer Frau an, die Menschentränen kennt wie keine zweite. Nennen wir sie in den Sprachen, die zur Kultur des Ostseeraums gehören: slawische und germanische, baltische und finno-ugrische Töne, aber auch das Wort, das wurzelt in Jerusalem, Rom und Athen: Mutter der Schmerzen, sapju Dievmate.

Bogurodzica, Mätär Theou,
kleine Schwester, Bat Zion,
Consolatrix afflictorum,
sapju Dievmate.

Wurzeln und Flügel

Migranten, die uns beschenken

Der Erde Frucht,
der Hände Werk,
in Mutters Liebe
reift das Brot,
in Vaters Hand
gedeiht der Wein,
er füllt die Schale
bis zum Rand,
im Freundeskreis
von Mund zu Mund,
da schenkt sich Leben,
teilt sich aus.

Da blühen Menschen-
kinder auf,
geborgen, bergend
und bereit,
gelassen ganz
sie selbst zu sein,
ein Segen aller
Welt zu sein,
dem andren freundlich
zugewandt,
gewiss zu sein:
Er ist wie du.

So gehen Menschen
aus dem Haus,
verlassen ihre
kleine Welt;
sie nehmen mit,
was sie ererbt,
und teilen es
geschwisterlich
und bauen mit
an einer Welt,
an Gottes Welt
für Klein und Groß.

Wir waren, wir sind, wir werden sein

Bechmy, smy, budzemy

Zur Non, der Todesstunde Jesu (15 Uhr), lässt uns das Stundengebet den 54. Ps singen. „Hilferuf eines Bedrängten" überschreibt ihn unsere Einheitsübersetzung. Ich wollte ihn singen im Gedenken an die sorbischen Jugendlichen in der Lausitz, die seit geraumer Zeit gezielt beleidigt, malträtiert und in Angst und Schrecken versetzt werden. Seit vor etwa tausend Jahren deutsche Krieger und Siedler das Land zwischen Elbe und Oder in Besitz nahmen, lebten im östlichen Teil des Landes der Deutschen eben diese und die slawischen Bewohner, die schon vor ihnen da waren, überwiegend friedlich neben- und miteinander. Es war nicht das Schwert, das die Zahl der slawischen Bewohner auf heute noch 50.000 schrumpfen ließ. Es gibt viele Gründe, die Menschen dazu bringen, ihre Sprache nicht mehr an ihre Kinder weiterzugeben und sie in eine andere (nationale) Identität als ihre eigene hineinwachsen zu lassen, oft handelt es sich dabei um äußerst subtile Formen von Gewalt, so subtil, dass sie den Akteuren, von denen diese Gewalt ausgeht, gar nicht bewusst ist. Die rechtsradikalen Schlägertrupps in Sachsen (und Brandenburg) haben sich jedenfalls zu offenen und handgreiflichen Gewaltmaßnahmen entschlossen. Nicht entschlossen bekämpft von der Mehrheitsbevölkerung gelingt es ihnen, die wenigen sorbischen Jugendlichen einzuschüchtern. Sollten da nicht unsere Kirchengemeinden sich den biblischen „Hilferuf eines Bedrängten" zu eigen machen und in Solidarität mit den bedrängten sorbischen Jugendlichen und ihren Angehörigen und Freunden „aus der Tiefe" zu Gott schreien?
Aber da fällt mein Augenmerk auf das, was das Stundenbuch anmerkt zu unserem Ps: Es werden die Verse gebetet von Anfang bis Vers 6, und dann die Verse 8-9 – ein Vers soll also ausgelassen werden. Ich suche ihn in der Einheitsübersetzung auf, er lautet:

„Auf meine Gegner falle das Unheil zurück, weil du treu bist, vernichte sie!" Zugegeben, für ein konfliktscheues christliches Gemüt ist das zunächst einmal starker Tobak! Aber muss deshalb gleich die Zensurschere eingreifen? Zuerst einmal schaue ich in andere Übersetzungen, denen ich eine größere Nähe zu hebräischem Urtext und jüdisch-hebräischer Tradition zutraue; Martin Buber etwa, dessen expressionistische Verdeutschung der Bibel den hebräischen Atem buchstäblich spürbar macht – übersetzt: „Auf meine Verleumder kehre sich das Böse, in deiner Treue schweige sie!" In diesem Sinne übersetzt auch die neue niederländische Bibel: „Zeige deine Treue und bring sie zum Schweigen." Die polnischen Übersetzungen benutzen ein Wort, dessen Grundbedeutung „verlieren" ist, also etwa: „Lass sie Verlierer sein, lass sie ihr Gewicht, ihre Deutungshoheit verlieren!" Aber ganz gleich, wie man den Vers übersetzt, es ist der einzige Vers des ganzen Psalms, der ihn wirklich zu einem Hilfeschrei macht, zum „Hilfeschrei eines Bedrängten" aus tiefer Not. Und es ist der einzige Vers des ganzen Psalms, der uns den Bedrängten auf die Haut rücken lässt, mit diesem Schrei, der uns vielleicht als nicht christlich genug erscheint. Aber erstens legt dieser Schrei alles in Gottes Hände, der doch seinem Volke ewige Bündnistreue zugesagt hat, doch jetzt ist man ohnmächtig menschenfeindlicher Gewalt ausgeliefert, im Rachen des Löwen, den Stiefeln der Neo-Nazis vorgeworfen. Und zweitens glaubt hier ein Beter noch „im Schatten des Todes", vielleicht wider alle Hoffnung, dass Gott gegen allen Augenschein in der Lage ist, „die Verachtung seiner Ordnung umzukehren in sein Recht und seine Ordnung". Für den katholischen Theologen Rainer Kampling ist die Streichung dieses Verses ein Hinweis auf das vielleicht unbewusste Eingehen auf den „Apathiezwang der bürgerlichen Neuzeit", ein mehr oder weniger bewusstes Überhören des Schreis nach Freiheit und ein Affront gegen die Opfer: Wer ihren Aufschrei aus der Tiefe von Auschwitz nicht hören will, wer ihn nicht hören lassen will, nimmt ihnen, die ihre Hoffnung nur noch auf Gott setzen können, denn von den Menschen, von uns, sind sie ja verlassen, auch noch dies Letzte, ihr Menschenrecht, Gott zuzutrauen, dass „er die richtet, die die gute Ordnung seiner Schöpfung zerstörten" (Kampling). Es ist die Solidarität mit den Unterdrückten, die uns ihren Schrei in den Mund nehmen lässt, dass wir uns daran unsere Zunge verbrennen und dadurch fähig werden, „an einer Welt mitzuarbeiten, in der Gottes Wort so in Kraft gesetzt ist, dass Menschen nicht mehr gezwungen sind, solche Gebete herauszuschreien" (Kampling). Und deshalb will ich den 54. Ps lieber gar nicht beten oder singen, als der kirchlichen Zensur (Verwerfung von Vers 7) zuzustimmen.

Herren herrschen, Throne ragen,
Bruder Abel totgeschlagen,
Mütter weinen, Kinder sterben,
Ströme Bluts die Wasser färben.
Nur in Gottes Vaterhänden
kann sich unser Schicksal wenden.

Gestern, heute und auch morgen
schlechte Nachricht, Angst und Sorgen;
kleines Boot in Wind und Wellen,
Berge, die den Blick verstellen,
Jesus sah den Himmel offen
noch am Kreuz, wir können hoffen.

Reiche, tausendjährig, prahlen,
unfehlbar sind ihre Zahlen,
und vor ihrem Standgerichte
zittern Welt- und Heilsgeschichte.
Gottes Geist nur kann erlösen
aus dem Würgegriff der Bösen.

Hymne der kroatischen Ordensleute für das Jahr der Orden

Du Geber der Gaben,
Urquell alles Seienden,
es freut sich des Lebens
alles, alles, was ist.

Du schenkst uns die Pflanzen,
ihr Wachstum und Reifen,
wir dürfen Geschwister
ihnen sein und Helfer.

Das Meer ist dein Abbild,
gewaltig und unbändig,
die Wiege des Lebens,
bergend und verbindend.

Geber, DU, von allem, Hüterin und Hüter,
mache neu in Liebe das Antlitz unsrer Erde.
Unsre Herzen seien dir Altar und Heimstatt,
wo wir dir das Opfer unsres Lobes weihen.

Wenige nur sind wir, deine Erntehelfer,
du, nimm an die Früchte derer, die dich lieben.
Same will dein Wort sein, in uns wachsen, aufblühn
in den Herzen derer, die sich deiner freuen.

Das Meer ist dein Abbild,
gewaltig und unbändig,
die Wiege des Lebens,
bergend und verbindend.

Du Geber der Gaben,
das A und auch das O,
den Fallenden Stütze,
uns Pilgern ein Zuhaus.

(Übertragung aus dem kroatischen Text des Tomislav Baran.)

Paulus unterwegs zu den Menschen Europas
(Apg 16,6 – 17,34)

Ein apostolischer Wanderprediger hat es nicht leicht. Schon gar nicht, wenn er seine Arbeit in einem Kontinent verrichten muss, der ihm fremd ist. Paulus, Jude und Christ, vertraut mit Kleinasien und dem Vorderen Orient, gesandt in das Europa der griechischen Weisheit, kann ein Lied davon singen. Da sind einmal die Veteranen der römischen Armee im mazedonischen Philippi, hartgesotten, ziemlich unzugänglich. Aber über ihre Frauen findet Paulus Zugang zu ihrer Welt. Als sie merken, dass die neue Glaubenssicht auch in das wirtschaftliche Gebaren der Betroffenen eingreifen kann, machen sie kurzen Prozess. Prügelstrafe und Gefängnis, überraschend die Möglichkeit, zu entkommen, die Paulus aber nicht nutzt, was dem Gefängniswärter das Leben rettet und Paulus die Gelegenheit bietet, die Stadtväter auf ihre ungesetzlichen Praktiken gegenüber einem römischen Bürger, der Paulus ja war, hinzuweisen. Mit seinem würdevollen Bestehen auf seinem Recht konnte er bei diesen Provinzrömern für seine Botschaft sicher Pluspunkte sammeln.

Juden und Griechen als Hörer

Dann die Begegnungen mit den Diaspora-Juden, die in einem lebhaften Dialog mit der mazedonisch-griechischen Bevölkerung standen. Die Predigt konnte mit dem ernsthaften theologischen Nachdenken und dem biblischen Erkundigungsdrang der Juden rechnen, etwa in Beröa. Zugleich aber konnte die Verkündigung Jesu als des Messias die jüdische Gemeinde spalten und die Verantwortlichen zu Panikmaßnahmen veranlassen, wie in Thessalonich. Weniger gefährlich war da sicher die Ansprache der vielen Griechen, die mit ihrer herkömmlichen Religion nichts mehr anfangen konnten und bei der jüdischen Gemeinschaft Nahrung für ihren religiösen Hunger suchten und fanden. Ihnen konnte das Christentum, mit seinen jüdischen Wurzeln und seiner Anpassungsfähigkeit an verschiedene gesellschaftliche und kulturelle Gegebenheiten, noch mehr Sinn erschließen, als sie ihn schon in der Judenheit gefunden hatten.

Verkündigung als Antwort

Vor ganz neue Probleme stellte die Metropole Athen den Wanderprediger aus dem Orient. Athen, die Stadt der damals schon klassischen Tempel, die Stadt der Dichter und Philosophen, die Stadt der öffentlichen Lehrveranstaltungen und Diskussionen. Nicht mehr nur handfeste römische Veteranen, nicht die von Haus aus vertraute jüdische Gemeinde, nicht die von der orientalischen religiösen Welt faszinierten Gottsucher, sondern die gebildete Gesellschaft eines europäischen Zentrums, dem die Welt des Vorderen Orients ziemlich fremd sein musste.
In dieser ihm fremden Umgebung findet Paulus eine ganz andere Methode seiner Verkündigung. Er wandert zunächst durch die Stadt, sieht sie sich genau an – ihre berühmten Tempel, ihre philosophischen Lehranstalten, ihre Bibliotheken. Diese Welt ist für ihn faszinierend und erschreckend zugleich. Er ist gerührt von dem religiösen Eifer, der sich in den unzähligen Tempeln ausdrückt, aber sein jüdisches Herz blutet angesichts der vielen Göttergestalten, die unmöglich den einen Gott Israels repräsentieren können. Dann ist er wieder angesprochen von dem Tempel, dessen Inschrift »Einem unbekannten Gott« er seinem Gott, dem Gott Israels, gewidmet sieht. Er, der erfüllt ist von der Weisheit Gottes, die für ihn in den Schriften Israels gesammelt ist, ist doch auch seltsam angerührt von der menschlichen Weisheit der griechischen Philosophen, von der Aussagekraft der griechischen Dichtung. Er spricht auf dem Markt mit den Menschen, die er gerade antrifft, macht sich vertraut

mit ihrer Mentalität, erstarrt aber nicht in Ehrfurcht vor dieser neuen Welt, hat auch keine Angst vor der Diskussion mit den weltberühmten Philosophen der Athener Schule. Er lässt sich nicht beirren, wenn einige von ihnen sich ihm überlegen dünken und ihn einen Schwätzer nennen, und lässt sich einladen zu einer offiziellen Diskussion über seine auch ihnen interessant erscheinenden Thesen. Und da er in seinen reich gefüllten Athener Tagen schon richtiggehend eingetaucht ist in das Athener Leben, scheut er nicht mehr den öffentlichen Disput.

Verkündigung als Herausforderung

Er, der fromme Christ (und Jude), ist schon so weit bei diesen Menschen zu Hause, dass er ihre Frömmigkeit anerkennen kann, dass er in der Lage ist, einen Kult, der vielleicht in erster Linie Rückversicherung ist, nur ja keinem Gott Gelegenheit zu geben, sich zurückgesetzt zu fühlen, als Anknüpfungspunkt für den Gott Israels und seine menschliche Erscheinung in Jesus dem Christus zu deuten. Und er erzählt ihnen von diesem Gott, spricht von Suchen, Tasten und schließlichem Finden, spricht eine Sprache, die auch den Philosophen zugänglich sein kann, von einer göttlichen Dimension, in der wir leben, uns bewegen und sind. Den Griechen, die Gott suchen mit den Mitteln ihrer menschlichen Weisheit, stellt er einen Gott vor, der uns menschlich nahe sein will, erkennt sich wieder im Wort eines ihrer alten Dichter: »Wir sind von seiner Art.« Und da wir von seiner Art sind, kann er uns ansprechen, uns seine Art, umfassend zu lieben, mitteilen, und wir können unser Unvermögen, zu lieben, als Gottes Gericht über uns erfahren, ein Gericht, das wir ablesen können am Schicksal eines Mannes, der ganz und gar von Gott her war und auf ihn hin, Gericht, das sich letztlich als Erweis von Leben und Heil erfahren lässt, weil der hingerichtete Mann Gottes durch die Auferweckung von den Toten beglaubigt wurde. Mit dem Stichwort von der Auferstehung der Toten hatte Paulus allerdings seine gelehrten Zuhörer, die von der Unsterblichkeit der Seele sprachen, überfordert. Die Fortführung der Debatte wurde vertagt. Trotzdem gab es einige aus der Welt der Philosophen, die durch das Wort des Paulus zum Glauben kamen.

Verkündigung als Inkulturation

Je komplizierter und differenzierter eine Welt ist, um so schwieriger ist die Aufgabe dessen, der das Wort Gottes zu verkünden hat. Da hilft nicht eine handfeste Bestimmtheit und Sicherheit des Auftretens, da hilft nicht der Rückgriff auf vertraute Formeln und Formen, da hilft nur, was gelehrte Leute „Inkulturation" nennen: liebevolles Sichvertrautmachen mit Erscheinungen, die mir zunächst vielleicht als ärgerlich erscheinen, Gespräch, immer wieder Gespräch, nicht um zu bekehren, sondern um zu lernen, auch lieben zu lernen. Dialog mit den führenden Geistern der neuen Welt. Aber dieser Dialog muss sich stützen auf die vorherige Versenkung in das, was diese neue Welt bewegt, Vertiefung in die Gedankengänge der fremden Denker tut not, sich anregen lassen von den Intuitionen der fremden Dichter und Künstler. Und dies alles ins Gespräch bringen mit dem eigenen Hintergrund, der eigenen Geschichte und täglichen Erfahrung. Und nicht böse sein, wenn nicht alle gleich dich verstehen und umarmen. Aber sich freuen, wenn die Botschaft, so vermittelt, doch einer ganzen Reihe von Menschen ganz neue Möglichkeiten, ja ein Stück weit Gott selbst, erschließt.
Paulus in Athen. Warum nicht eine Handreichung für Menschen, die heute einer scheinbar gottfernen Welt das Wort von Gott vermitteln wollen, damit das »Gerücht von Gott« nicht endgültig verstummt.

Brief an einen Außenminister

Walberberg, 22. 5. 1991

Herrn
Bundesaußenminister
Hans-Dietrich Genscher
5300 Bonn

Sehr geehrter Herr Minister,
zu Recht gilt die mit der Sowjetunion erreichte Verständigung wie auch die Wiedererlangung der staatlichen Einheit Deutschlands als Erfolg einer zielstrebigen, auf Frieden bedachten klugen Außenpolitik. Auch die nun mögliche Aussöhnung mit Polen wäre in diesem Zusammenhang hervorzuheben. Unbeschadet der Richtlinienkompetenz des Bundeskanzlers ist Ihnen, Herr Minister, die Welt dafür zu großem Dank verpflichtet.
Umso mehr jedoch überrascht die Phantasielosigkeit bundesdeutscher Außenpolitik im Fall „ Jugoslawien", wo umgekehrt proportional zum deutschen Einigungsprozess („Jetzt wächst zusammen, was zusammengehört.") auseinanderbricht, was niemals zusammengehört hat.
Oder stimmen Sie etwa mit der Linie der EG überein, die trotz der offensichtlichen schwerwiegenden Menschenrechtsverletzungen in diesem Land, die auf das Konto des hegemonialen Serbien gehen, trotz der offenkundigen ständigen Verletzungen der Verfassung, auf die man sich dennoch immer wieder beruft, seitens ebendieses Serbiens, trotz der gewollten Lähmung der Bundesorgane (mit Ausnahme der Armee), die von Serbien in einer besonders für Albanier und Kroaten unerträglichen Weise betrieben wird, auf der Erhaltung des unhaltbaren Bundesstaates besteht und damit den Terror des letzten orthodox-kommunistischen Regimes in Europa in unverantwortlicher Weise fördert?
Müsste eine deutsche Bundesregierung, die immer am Selbstbestimmungsrecht des deutschen Volkes festgehalten hat, nicht

dieses Recht auch im Fall des kroatischen Volkes betonen? Das kroatische Volk wurde 1918 nicht befragt, ob es die staatliche Gemeinschaft mit dem serbischen Volk eingehen wolle. Es hat in den seither mehr als 70 Jahren mit diesem Zusammenleben keine guten Erfahrungen gesammelt und nunmehr in einem Referendum mit überwältigender Mehrheit (95%) seinen Willen zu eigener Staatlichkeit bekundet. Nach wie vor geht die erste Option kroatischer Politik auf die Umwandlung des stets von serbischer Hegemonie geprägten Bundesstaates in einen konföderalen Bund souveräner Staaten aus, weil nur so die physische Existenz des kroatischen Volkes als gesichert erscheint. Eine ähnliche Entscheidung hat auch das slowenische Volk aufgrund seiner bitteren Erfahrungen getroffen. Die Republiken Bosnien und Herzegowina wie auch Makedonien sehen in diesem Konzept ebenfalls eine gute Grundlage für die Zukunft in diesem südosteuropäischen Raum. Lediglich Serbien möchte seine Vorrangstellung in einem einheitlichen, formal föderalistischen, von Serbien kontrollierten Jugoslawien behalten. Gegen den Willen der anderen Völker und Republiken ist das nur mit militärischer Gewalt und ständiger Verletzung der Menschenrechte möglich, wie es die Geschichte des alten königlichen, wie des neuen kommunistischen Jugoslawiens zeigt, und wie es auch im nachkommunistischen Jugoslawien unter serbischem Einfluss traurige Gegenwart ist.

Ich möchte Sie daher bitten, das Gewicht einer bewährten deutschen Außenpolitik in die Waagschale zu werfen, damit die berechtigten Wünsche des kroatischen Volkes verwirklicht werden können, und die maßvolle Politik des kroatischen Präsidenten Dr. Franjo Tudjman nicht in einem Inferno großserbischen Terrors ein katastrophales Ende findet.

Mit freundlichen Grüßen
P. Diethard Zils OP

Sarajevo 1994

Sarajevo, Blut und Tränen,
Mensch im Fadenkreuz.
Ist da kein Gott, der Hilfe bringt,
kein Mensch des Friedens?

Sarajevo, Wut und Ohnmacht,
Bihać in Flammen.
Kein Flügelschlag, der Feuer löscht,
kein Freund des Lebens.

Sarajevo, Sehnsucht – trotzdem –
nach Gerechtigkeit.
Stimme in uns, unauslöschlich:
Menschen, gedenket!

Sarajevo 1994.

Sarajevo, krv i suze,
čovjek meta.
Zar tu nema Boga, što pomoć donosi,
nema čovjeka mira?

Sarajevo, gnjev i nemoć,
Bihać u plamenu.
Nema lepršaja krila što gasi požar,
nema prijatelja života.

Sarajevo, unatoč svemu, čežnja,
za pravdom.
Glas u nama, neugasivi:
ljudi, sjetite se!

Ein Liebeslied für Marc Chagall

Prediger in Licht und Farben,
Marc Chagall, dem Licht geweiht,
aus der Erde Todesschatten
filterst du des Himmels Blau.

Was in Pentateuch und Psalmen,
Midrashim und Tetragramm
dir sich zeigte, übersetztest
du in Farbensymphonien.

Lichtdurchströmtes Glas lässt ahnen
das Geheimnis, das uns birgt:
Gott ist Licht, in seinem Lichte
sehen Leben wir und Licht.

SEINE Stimme dir im Herzen,
Marc Chagall, lehrst du uns sehn:
Himmel, Erde, Engel, Menschen,
Mann und Frau, SEIN Bild, SEIN Bund.

Deine Farben tanzen, singen,
künden Frieden, feiern IHN;
wir vernehmen: Schma Jisrael,
finden Christus, SEINEN Knecht.

Lob und Dank dem Gott des Lebens,
der sich hier in Farben hüllt
und in Bildern und Geschichten
unter seinen Menschen wohnt.

(In Anlehnung an Petronia Steiners OP Hymnus zu Ehren Fra Angelicos ein „Liebeslied" für Marc Chagall. Ein kleiner Dank für seine wunderbaren Glasfenster in St. Stephan in Mainz.)

Raphael Seitz

In memoriam

„nur weilen
im unendlichen Licht“
mit IHM (dem EWIGEN)
der manchmal
„in einem alten Birnbaum
sitzt
und amselt“
vernehmbar wird
wenn rot
die Posaune des Morgens
ertönt
sich aussingt
im rauen Violett
der Schwäbischen Alb
mich umhüllt
im Lichtraum
den ER (der EWIGE)
durch dich erstehen ließ
ein Biotop
für Psalmen und Choräle
und Mutterboden
für die „sacra praedicatio“
der Dominikaner
in Mainz
„nur weilen
im unendlichen Licht“
das heimleuchtet
den Raketen
in der Waldheide
und während blüht

und glüht in Herzen
die mit dir
dem Terror der Tatsachen
zum Trotz
Lieder der Hoffnung
sangen
die bis heute
weiterklingen
und sogar sichtbar werden
in deinen ragenden
Lichtsignalen
die die Kathedrale
umgeben im einstmals
verfeindeten Liverpool
„nur weilen
im unendlichen Licht“
der „lux aeterna“
unserer Gebete,
unserer Hoffnung,
die deine Lichtspiele
in uns wachsen ließen
möchte der Vorrat Licht
in uns reichen
bis wir zusammen mit dir
„weilen im unendlichen
Licht“

X

„… und wohin ich auch gehe, mit mir ist Kroatien“

„… und wohin ich auch gehe, mit mir ist Kroatien“

Geheimnisvoller Klang
ins Ohr mir geweht
von jenseits der Karpaten
wie Wiegenlied und Totenklage
Worte nicht nur von Grammatik gebeugt
Poesie im Mund von Bauern und Rebellen
Kroatische Sprache
Zauberin
die meine Welt erleuchtet und verwandelt

Gräber wohin dein Fuß auch tritt
Steine die vergessenen Namen rufen
Volk das schreit
auch wenn es schweigt
gesungen werden die Choräle der Verfolgten
im Mausoleum des Verfolgers
Kroatische Geschichte
voller Golgotas
die hartnäckig in mir auf Ostern warten

Rotweinsymphonie
der immer vollen Gläser
Schönheit der Namen
gefeiert im rauschhaften Chor
die Frucht der Erde
und der menschlichen Arbeit
festlich getrunken
bis rot die Posaune des Morgens ertönt
Kroatische Gelage
Bacchanal und Abendmahl

„... i kud god idem sa mnom je Hrvatska“

Tajanstveni zvuk
u uho mi dopire
s onkraj Karpata
poput uspavanke i naricaljke
riječi ne samo gramatikom savite
poezija u ustima seljaka i pobunjenika
hrvatski jezik
čarobnjak
koji osvjetljuje i mijenja moj svijet

Grobovi gdje god nogom stupiš
stijene što zovu zaboravljena imena
narod koji viče
i kad šuti
pjevaju se korali progonjenih
u progoniteljevu mauzoleju
Hrvatska povijest
puna Golgota
što u meni uporno iščekuju Uskrs

Simfonija crnog vina
uvijek punih čaša
ljepota imena
slavljena u zanosnu zboru
plod zemlje
i plod ljudskog rada
svečano ispijena
prije nego li crveno odjekne pozauna jutra
hrvatske gozbe
bakanalija i posljednja večera

Pflaumenschnaps hat dich eingemeindet
nach Vinkovci und Sračinec
auf Ziegenpfaden entführen dich
Oliven und Schafskäse
zu panischer Lust
du tauchst deinen Finger ins illyrische Meer
und fühlst dich verbunden mit aller Welt
Kroatische Träume
vom Wurzeln im Stein
vom Tanz der Geschwister von Volk zu Volk

(Das Zitat „… und wohin ich auch gehe, mit mir ist Kroatien“ stammt von dem kroatischen Dichter Drago Ivanišević)

Šljivovica te udomaćila
u Vinkovcima i Sračincu
na kozjim stazama odvode te
masline i ovčji sir
u paničnu strast
zaranjaš prst u ilirsko more
i ćutiš povezanost s čitavim svijetom
Hrvatski sni
o korijenu u stijeni
o plesu braće od naroda do naroda

(Citat „… i kud god idem sa mnom je Hrvatska“ stih je hrvatskog pjesnika Drage Ivaniševića.)

Dreizehn Krüge Wasser

dreizehn Krüge Wasser
dreizehn Laibe Brot
dreizehnhundert Jahre
Leben mitten im Tod

dreizehn Kerzen leuchten
in der Dunkelheit
dreizehnhundert Jahre
Licht in schwerer Zeit

dreizehn Menschenpaare
freundlich offen schön
dreizehnhundert Jahre
Sterben und Auferstehn

Drama in dreizehn Akten
Kroatien steht und fällt
dreizehnhundert Jahre
Tatort: unsere Welt

Trinaest vrčeva vode

trinaest vrčeva vode
trinaest hljepčića kruha
trinaest stotina ljeta
život sred smrtnoga muka

trinaest svijeća svijetli
usred mračnih sjena
trinaest stotina ljeta
svjetlo u teška vremena

trinaest parova ljudi
dragih toploga srca
trinaest stotina ljeta
smrti i uskrsnuća

trinaest činova drame
Hrvatska se diže i pada
trinaest stotina ljeta
mjesto: ovdje i sada

Marija Bistrica

Kleine schwarze Mutter
sie kommen zu dir
weil du klein bist
du drängst dich nicht auf
du lockst nicht mit großen
Wundern
veränderst die Welt nicht auf
magische Weise
du gehörst zu ihnen
denn sie sind klein wie du
sie haben Vertrauen zu dir
sie kommen zu dir
weil du schwarz bist
nicht strahlend wie eine
Königin
nicht gleißend wie eine Diva
im Film
nicht herausfordernd wie eine
Titelblattschönheit
du gehörst zu ihnen
denn sie sind schwarz wie du
sie haben Vertrauen zu dir
kleine schwarze Mutter
Maria von Bistrica

Marija Bistrica

Mala crna majko
dolaze ti
jer si malena
ne namećeš se
ne mamiš velikim
čudima
ne mijenjaš svijet na
čarobni način
ti spadaš među njih
jer oni su maleni kao i ti
oni imaju povjerenja u tebe
dolaze ti
jer si crna
ne zračiš kao
kraljica
ne sjajiš kao filmska
diva
ne izazivaš kao
ljepotica s naslovne strane
spadaš među njih
jer oni su crni kao i ti
imaju povjerenja u tebe
mala crna majko
Majko Bistrička

Aufstieg zur Vidova gora

Im dürren land
im öden geröll
unkraut distel
stachelblume

Im grauen karst
im wüsten gestein
wildwuchs distel
lebenszeichen

Im weißen licht
im gleißenden schein
schwester distel
blaues wunder

Uspon na Vidovu goru

Na suhoj zemlji
na samotnu kršu
kukolj stričak
bodljikavi cvijet

Na sivom kršu
među pustim kamenjem
divlji stričak
znak života

U bijelom svjetlu
u prijetvornom sjaju
brat stričak
plavo čudo

Bol

O lasst mich noch einmal gehen
den alten Weg
den Hirtenweg
von Mensch zu Mensch

o lasst mich gehn
Jahrhunderte spüren
mit meinen Füßen
geschwisterlich mich nähern
im Schweiß
meines Angesichts
den Menschen im Herzen
der Insel aus Stein

doch wehe
verlassen der Weg
verkümmert die Füße
vergessen die stille Geduld
der Mensch zur Ware
geworden
oh lasst mich gehn!

Bol

O dajte da još jednom idem
starim putem
pastirskom stazom
od čovjeka čovjeku

o dajte da idem
da ćutim stoljeća
vlastitim nogama
i da se bratski približim
u znoju
svoga lica
ljudima, u srcu
kamenog otoka

ali jao
zapušten je put
zakržljale noge
zaboravljena stara strpljivost
čovjek postao
roba
o dajte da idem

Kloster in Split

Bienenkorb und Ameisenhaufen
Leben das sich am Leben entzündet
Markt voller Menschen die sich nicht verkaufen
Geschichte die in pralle Gegenwart mündet

Kirche im Auf und Ab der Gezeiten
Menschen die Menschen suchen und finden
Worte der Hoffnung die dich begleiten
freundliches Licht für die Augen der Blinden

Hand die dich findet Bruder und Schwester
neue Lieder gesagt und gesungen
unter eurem Dachstuhl Höhlen und Nester
mit eurem Gott werden Mauern übersprungen.

Samostan u Splitu

Pčelinjak i mravinjak
život što se plamenom života pali
pjaca puna ljudi što se ne prodaju
povijest što se pretače u jedru današnjicu

Crkva, gdje plima i oseka svrate
ljudi što traže i nalaze ljude
riječi nade što te prate
blago svjetlo za oči slijepca

Ruka što te nađe brate i sestro
nove pjesme rečene i otpjevane
pod vašim krovom pećine i gnijezda
s vašim se Bogom svladavaju brane

Dubrovnik

Was Freiheit ist
hier kannst du es erahnen
hier
steht es nicht nur auf den Fahnen
Von Božidarević ist es ein Triptychon
über einer alten Schwelle
ein Akrostichon
Festungsmauern
die nichts als Schönheit sind
im Kreuzgang der Dominikaner
ein kühler Abendwind
ein Menuett
von Sorkočević
und die Erinnerung
an Ruđer Bošković
die Gebete der Schüler und Schülerinnen
an der Kapellenwand
die Bruchstücke von Fresken
die man unter der Kathedrale fand
Aber sperrt die Freiheit nicht
in Vergangenheit ein
mitten unter uns heute
will sie gefeiert sein
Richtest du die Botschaft
eines befreienden Gottes aus
dann steht dir die Jugend
ins Herz und ins Haus
und bleibst du mit ihr
der »Libertas« treu
dann wird auch ein altes
Kloster neu

Dubrovnik

Što je sloboda
možeš ovdje naslutiti
ovdje
ne stoji samo na barjacima
Od Božidarevića je triptih
preko jednog starog praga
akrostih
zidine
ništa osim ljepote
u klaustru dominikanaca
svježi večernji vjetar
menuet
od Sorkočevića
i uspomena
na Ruđera Boškovića
molitve učenika i učenica
na zidu kapelice
komadići freski
pronađeni ispod katedrale
Ali ne zatvarajte slobodu
u prošlost
među nama danas
ona želi da ju se slavi
Ako širiš vijest
oslobađajućeg Boga
onda ti mladost dolazi
u srce i u kuću
i ostaneš li s njom
vjeran Libertasu
i stari će samostan
postati nov

Kroatien 1990

Es atmet sich leichter
wenn der Briefträger Wind
die lang verbotene Post
wieder austragen darf

Es atmet sich leichter
wenn du die lang versteckten Fahnen
dem Freibeuter Wind
wieder anbieten darfst

Es atmet sich leichter
wenn das Himmelskind Wind
die lang verstummten Hymnen
wieder verkündigen darf.

Hrvatska 1990.

Lakše se diše
kad listonoša vjetar
opet smije raznositi
dugo zabranjivana pisma

Lakše se diše
kad dugo skrivene barjake
smiješ opet ponuditi
gusaru vjetru

Lakše se diše
kad nestašni vjetar
opet smije navieštati
davno zašutjele himne

Panzer fahren durch meine Träume

Panzer fahren durch meine Träume
ihre Ketten zerfurchen meine Seele
und ihre Kanonen injizieren ins Herz mir
Blindgänger voll Hass
Zeitbomben die mich zerreißen wollen
Ich glaube nicht mehr
dass ich sie fortlieben kann
wie die Raketen
aus ihren Silos im Hunsrück.

minimal music

das ungeheure cluster
das sich aufbaut
aus dem flügelschlag
von abermillionen mücken
und sich verdichtet
zu dem einen ton
der über der landschaft liegt
am steilen ufer der donau
in erdut

Tenkovi prolaze kroz moje sne

Tenkovi prolaze kroz moje sne
njihove gusjenice brazdaju mi dušu
a njihovi topovi u srce mi utiskuju
promašene metke mržnje
bombe što me hoće razderati
Ne vjerujem više
da ih moja ljubav može ukloniti
kao rakete
iz njhovih silosa u Hunsrücku

(Hunsrück: kraj između rijeka Mosela i Rajne, s velikom koncentracijom američkih vojnih postrojenja.)

minimal music

čudovišni cluster
što nastaje
lepetom krila
bilijuna komaraca
i stapa se
u jedan zvuk
što lebdi nad krajolikom
na strmoj obali dunava
u erdutu

Erdut

Wo mich vor Jahresfrist
Millionen Mücken noch
mit dem Vibrato ihres einen Tons
verzauberten,
das süße herbe Gold Pannoniens
einschenkte sich mir in Herz und Kehle,
wo ich mit Menschen,
die sonst Gast in meinem Land,
nun selber Gast
die Freiheit feierte,
und wo mein Auge ohne Hass
hinüberschaute in das Nachbarland,
das grün sich weitete
jenseits des Flusses,
und mein Herz sich freute
des Apatiner Biers gedenkend,
wo seither auf mich warteten
des Landes Früchte
– aber jetzt nicht mehr –
denn Menschen kamen
von jenseits der Donau,
sie nahmen sich den Wein,
der mir sich schenken wollte,
nur eine Flasche blieb mir
als Sakrament der Sehnsucht,
als Voranzahlung für das Fest, das kommen wird
für Erdut, Dalj und Aljmaš,
das Fest des Nichtvergessens der Verwüstung
von Weinberg und Keller,
ein heiliges Zeichen des Widerspruchs:

Erdut

Tu, gdje su me pred godinu dana
milijuni komaraca
očaravali
vibratom svojeg jedinog zvuka,
gdje mi se slatko trpko zlato Panonije
slijevalo u grlo i srce
gdje sam s ljudima,
inače gostima u mojoj zemlji
tad i sâm gost
slavio slobodu,
i gdje je moje oko bez mržnje
gledalo prijeko u susjednu zemlju,
što se zelenila
onkraj rijeke,
i moje se srce radovalo
sjećajući se Apatinskog piva,
tu, gdje oduvijek na mene čekaše
plodovi zemlje –
sad ih više nema –
jer, dođoše ljudi
s onu stranu Dunava,
uzeše si vino,
što se je meni htjelo pokloniti,
samo mi osta jedna boca
kao sakrament čežnje,
kao predujam za slavlje, što će doći
za Erdut, Dalj i Aljmaš,
slavlje nezaborava pustošenja
vinograda i podruma,
sveti znak proturječja:

der Wein, der sich verweigert,
bis zu dem Tag,
da wir aufbrechen
nach Erdut,
und wiedererstehen Weinberg und Ernte!

Sperare contra spem

Täglich
kaufe ich das Abendblatt
in irrer Hoffnung auf den Frieden

und täglich unwahrscheinlicher
das Selbstverständliche
nachdenkliche Vernunft

vino, što se uskraćuje,
sve do onog dana,
kad mi krenemo
u Erdut,
i vratimo vinograd i berbu!

Sperare contra spem

Svakodnevno
kupujem Večernji list
u ludoj nadi za mirom

i svakog dana biva nevjerojatnijim
sam po sebi jasan
razuman razum

Zagreb 1992

ich hab dich geliebt
seit ich dich kennenlernte
voll schmerzender Schönheit warst du
denn schwer lastete auf dir die Verwüstung

ich hoffte mit dir
als du aufatmen konntest
in jenem unverhofften Frühling
dem zu schnell ein kalter Winter folgte

ich habe gewartet
endlos lang erschien mir die Zeit
bis es sich wieder leichter atmete im Land
und du fast vergessene Worte wieder sagen durftest

schon wieder leide ich mit dir
wie Mehltau hat sich Krieg auf dich gelegt
saugt dir den Lebenssaft aus allen deinen Adern
dass sich das eigne Volk in dir nicht mehr erkennen kann

was soll ich tun
du liegst nicht in Trümmern
du überlebst mit schlechtem Gewissen
teil es mit uns – wir brauchen es mehr als du

Zagreb 1992.

Volio sam te
od kad sam te upoznao
bio si pun bolne ljepote
jer teško te je boljela pustoš

nadao sam se s tobom
kad si uspio udahnuti
u onom nenadanom proljeću
što mu je ubrzo slijedila hladna zima

čekao sam
beskrajno dugo činilo mi se vrijeme
dok se nije opet moglo lakše disati u zemlji
i dok ti nisi opet smio izreći gotovo zaboravljene riječi

i opet patim s tobom
kao medljika prekrio te rat
siše životni sok iz svih tvojih vena
te se ni vlastiti narod više ne može u tebi prepoznati

što mi je činiti
nisi porušen
preživjet ćeš s lošom savješću
podijeli je s nama – mi ju trebamo više nego ti

Imaginärer Landstrich Grenze

Imaginärer Landstrich Grenze
der nichts mehr trennen kann
zwischen Epe und Epe
nur beim Fußball spürst du den Unterschied
noch.

Imaginärer Landstrich Grenze
irgendwo in den Weinbergen
zwischen Ormož und Varaždin
der Flügel verleiht
entfesselt fliegen Lastkraftwagen
mit Frachten wie aus Jahrhunderten
über den Straßen
die viel zu schmal sind
für ein freies Kroatien.

Imaginärer Landstrich Grenze
wie werden wir dich feiern
mit Strömen Weins aus Erdut und Aljmas
weil du uns birgst
vor dem Messer.

Imaginärer Landstrich Grenze
dem fin de siècle eingeprägt
mit Menschenblut
das Osijek trennt von Beograd
da hoff ich auf das Wunder
das schon geschah
zwischen Epe und Epe:
Nur noch Fußball deutet an
was Menschen
den Menschen getan.

(Epe ist der Name zweier Ortschaften auf beiden Seiten der deutsch-niederländischen Grenze.)

Nevidljiva crta granice

Nevidljiva crta granice
koja ništa više ne može dijeliti
između Epe i Epe
samo uz nogomet osjećaš razliku
još.

Nevidljiva crta granice
negdje u vinogradima
između Ormoža i Varaždina
što daje krila
neobuzdani lete teretnjaci
s teretima kao iz stoljećâ
cestama
preuskim
za slobodnu Hrvatsku.

Nevidljiva crto, granice
kako ćemo te slaviti
rijekama vina iz Erduta i Aljmaša
jer nas skrivaš
od noža.

Nevidljiva crta granice
utkana u fin de siècle
ljudskom krvlju
što Osijek dijeli od Beograda
nadam se čudu
koje se već dogodilo
između Epe i Epe:
Samo još nogomet spominje
što su ljudi
ljudima učinili.

(Epe: dva istoimena mjesta s obje strane njemačko-nizozemske granice.)

Klopče

Die Tag für Tag
aus den bosnischen Dörfern
ins Bergwerk gehen
oder ins Stahlwerk
denken
sie zählen nicht
wie die Menschen vor Kohle bei uns
in der Welheimer Mark
oder ihre Nachbarn
in Bochum und Duisburg
die Stahl kochen
wie die in Zenica

Aber die Freundschaft der Hände
die dich ergreift
die Liebe in den kargen Worten
die dich umhüllt
die Geschichte die an dir geschieht
wenn du ihre Geschichten hörst

Kein Professor
schreibt dir einen besseren Kommentar
zum Buch der Seligpreisungen
das unserm Vater Dominikus
so heilig war

Klopče

Oni što dan za danom
iz bosanskih sela
idu u rudnik
ili u željezaru
misle
da ne znače ništa
kao i rudari kod nas
u Welheimer Mark
ili njihovi susjedi
u Bochumu i Duisburgu
koji kale čelik
kao oni u Zenici

Ali prijateljstvo ruku
što te prožima
ljubav u škrtim riječima
što te obavija
povijest koju na sebi osijećaš
slušajući njihove priče

Nikakav profesor
neće napisati bolji komentar
o knjizi blaženstava
što je našem ocu Dominiku
bila tako sveta

Franziskaner in Bosnien

Mindere Brüder
wolltet ihr sein.
In den Hütten der Minderheit
bestehn die Belagerung.
Den Wolf umarmen,
dass er geschwisterlich werde.
Schmugglerpfade gruben eure Füße
in Bosniens Gestein.
Die Konterbande:
Bücher aus Venedig;
aus Agram Bilder
und ein Kelch aus Augsburg.
Auch Guča Gora ist Europa.
Nennt nicht Hochwürden
die Kind im Hause sind.
Der Mutter oder Vaters Bruder
macht minderen Menschen Mut,
Und wer die Mehrheit hat,
wird unter solchen Menschen Mensch.

Franjevci u Bosni

Mala braća
htjeli ste biti.
U kućicama manjine
izdržati opsadu.
Vuka zagrliti,
da postane brat.
Skrivene staze utabane su vašim nogama
u bosanskom kamenju.
Švercerska roba:
knjige iz Mletaka;
iz Zagreba slike
i kalež iz Augsburga.
I Guča Gora
jest Europa.
Ne zovite velečasnim
one koji su djeca u kući.
Majčin ili očev brat
malim ljudima ulijeva hrabrost.
A i tko većinu ima,
bit će među ovim ljudima čovjek.

Gebet für Bosnien

Dein Himmel über uns sich weitet,
wie Dach und Schirm, wie Haus und Zelt,
den Teppich Bosnien hast du ausgebreitet,
so bunt, so reich wie eine ganze Welt,

und drei Nationen eingeladen,
zu teilen Tisch und Fest und Brot
und anzuknüpfen an dem Faden,
der alle zieht aus ihrem Tod.

Doch tropft ein Gift in ihre Runde,
die Pflaume reifte nicht und nicht das Fest,
und alle warten angstvoll auf die Stunde,
die sie zum Messer greifen lässt.

Noch sitzen sie im Zelt zusammen,
von ihrer aller Mühsal auszuruhn;
vielleicht lässt einer sich entflammen,
nichts anders als den Dienst bei Tisch zu tun.

Dann wird dein Himmel sie umfangen,
dein Licht verbreitet sich im Zelt,
und endlich werden sie gelangen
zur brüderlichen, schwesterlichen Welt.

Molitva za Bosnu

Svoje si nebo nad nama raširio,
kao kuću i šator, krov i štit,
bosanski sag si nam podastro,
šaren i bogat kao čitavi svijet,

i tri si naroda skupio kod lonca
da dijele stol i slavlje i kruh
i da se zajedno drže konca
što im ne da pasti u smrt.

A otrov svejedno kaplje među njih,
šljiva ne dozrijeva a nema ni slavlja,
i sa strahom čekaju svi
trenutak kad poriv za nožem se javlja.

Još svi se zajedno u šatoru drže,
tražeći lijek od zajedničkog bola;
i možda će se jedan sjetiti brže
postati poslužiteljem kod stola.

Onda će ih obuhvatiti tvoje nebo
u šatoru će zasjati tvoje svjetlo
i napokon će svi dospijeti
u bratski, sestrinski svijet.

Der hl. Hieronymus

Schutzpatron Dalmatiens

„Inter arma silent musae“,
sagte der Löwe
und klappte das Evangelienbuch zu.
Aber das war der Löwe von San Marco
und lange nach deiner Zeit.

Ein Löwe warst du auch,
Kämpfe – innere – und Wortgefechte
waren dir vertraut;
und manchmal schien es dir,
als töne dein Kampfgeschrei lauter
als das Wort aus dem Evangelienbuch.
Aber du klapptest es nicht zu,
vernahmst das leise Wort
noch im Kampfgetümmel
und wusstest zu beten:
„Verzeih mir, Gott, quia Dalmata sum.“

So konnte sich friedlich Löwe zu Löwe gesellen:
Du zogst den Dorn aus der Tatze des Löwen,
der fühlte sich sicher in deinem Gehäuse,
ein Wächter deiner Freude,
die Schönheit erblickt
im Wort aus dem Buch
und in der Demut des Geschaffenen.

Nachworte

Ein Nachwort, das lieber ein Vorwort wäre …

Lieber Diethard,
ich begegnete dir, als du Psalm 35 geschrieben hast und gehörte sicher auch zu denen, die dich „zwischen die Stühle" setzten. Unerträglich ist mir die Vorstellung, dass du gefragt hast, wie du jungen Christen ein brauchbarer Begleiter sein kannst. Wie sehr du das damals und heute nicht nur für junge Menschen bist, die mit dir „die Kirche kritisch lieben", das weiß nicht nur ich!
Unvergessen sind viele Jahre gemeinsam gelebten Glaubens und politischen Engagements in der Katholischen Studierenden Jugend im Bistum Essen und das Ringen um Mitsprache in den von mir hierarchisch erlebten kirchlichen Strukturen. Viele Stunden verbrachten wir mit Diskussionen in unserem Tagungshaus „Exil" in Essen-Kray, von dem aus man den Plankenschemm 23 mit dem Fahrrad gut erreichen konnte. Durch dich lernte ich die Gemeinschaft der Dominikaner in Bottrop kennen, wo Gottes Nähe so greifbar war.
Diethard, du gibst Zeugnis von der Radikalität und Zärtlichkeit Gottes in deinen Liedern, Gedichten und Gebeten. Ich freue mich sehr, dass P. Frano Prcela einen Teil deiner Werke gesammelt und herausgeben hat. Mein Gedicht für dich „Weil deine Worte Wege gehen" ist als Antwort auf Psalm 27, 35, 43, 62 und noch viele andere gedacht, denn ein Nachwort zu verfassen ist mir schwer gefallen. Man schreibt es, wenn etwas fertig ist. Und fertig waren und sind wir doch nie. Immer auf dem Weg. Danke für deine Wegbegleitung und deine wunderbare Freundschaft!

Weil deine Worte Wege gehen
trotzen, träumen, widerstehen
können wir von Gottes Spuren singen
Melodien in unseren Herzen klingen

Als du zwischen den Stühlen gesessen
hast du uns begleitet, unvergessen
dass Herrschaft Gottes anders ist
und wir auch seine Kirche sind
dass Gott in unserer Mitte ist
und wir seine Hoffnung sind

Wider die Resignation ausgezogen
nicht alle waren dir gewogen
hast es mit uns ausgehalten
wenn Suchen und Fragen unbequem
Trotzen gegen selbstgefällige Gewalten
denen da oben nicht immer genehm

Weil deine Worte Menschen sehen
trotzen, träumen, widerstehen
können wir von Gottes Sehnsucht singen
Melodien in unseren Herzen klingen

Der Ruf nach Friede und Gerechtigkeit
Traum einer neuen Geschwisterlichkeit
Worte des Friedens in Hasselbach
betend vor der Botschaft Südafrikas gewacht
Ohnmacht in Auschwitz an Karfreitag
und doch Lebenslieder ins Exil gebracht

Träumst vom zerschnittenen Stacheldraht
dort wo der Hass mit Füßen trat
oft hast du uns mitgenommen

zu den Völkern dieser Erde
Freunde haben wir bei Freunden gewonnen
dass die Hoffnung ewig werde

Weil deine Worte Wunder sehen,
trotzen, träumen, widerstehen
können wir von Gottes Liebe singen
Melodien in unseren Herzen klingen

Du hast das Leben gern geteilt
der Plankenschemm in unseren Herzen bleibt
dich wieder auf den Weg gemacht
Protest- und Loblieder gesungen
verwundbar neue Wege gedacht
um einen befreienden Gott gerungen

Den Wein getrunken, geteilt das Brot
nicht ohne den Schrei der Menschen in Not
Gottesdienst radikal ernst genommen
Wunder können wieder geschehen
Gottes Zusage freudig angenommen
singend und tanzend das Wort verstehen

Weil deine Worte Segen sehen
trotzen, träumen, widerstehen
können wir von Gottes Nähe singen
Melodien in unseren Herzen klingen

Dank für Gebete, Gedichte und Lieder
sicher, wir finden dich überall wieder
tief in uns lebt das Exil
zwei oder drei in seinem Namen
verweigern weiter der Mächtigen Spiel
suchend und hoffend auf sein Erbarmen

Du, sei behütet auf deinen Wegen
fest vertrauend auf Gottes Segen
du mit uns und wir mit dir
in den Häusern der Freunde fern und nah
bei Wein und Brot und belgischem Bier
trotzend und träumend wird Leben wahr

Weil deine Worte Wege gehen
trotzen, träumen, widerstehen
können wir von Gottes Spuren singen
Melodien in unseren Herzen klingen

Ute Stachelhaus-Theimer

Doppelnachwort

Mehr als ein halbes Leben lang sind wir, Michael, Jahrgang 1952, und Stefan, Jahrgang 1956, mit Diethard befreundet und verbunden. Als Teenager wurden wir Messdiener im Düsseldorfer Dominikanerkonvent in der Herzogstraße, den es lange nicht mehr gibt. Ihn haben die Dominikaner an die damalige nordrhein-westfälische Landesbank WestLB verkauft – und von dem Erlös die Altersversorgung des Ordens finanziert.

Michael, der Ältere, lernte ihn früher kennen, damals hieß er noch Pater Ansbert, und ging mit ihm schon als Sechzehnjähriger auf Reisen – auf den von ihm geliebten Balkan, und das erstmals so lange ohne Eltern. Stefan, der Jüngere, wurde durch ihn zur Musik inspiriert, zum Singen, zur Gitarre – im Chor und am Lagerfeuer. Diethard prägte beide Söhne so sehr, dass die Mutter ihm eine gewisse politische Einflussnahme zuschrieb, und zwar in die aus ihrer Sicht falsche, nämlich eher linke Richtung. Nach der Messdienerzeit blieben Michael und Stefan eng mit ihm verbunden, weil sie sich gemeinsam in der Katholischen Studierenden Jugend (KSJ) im Bund Neudeutschland engagierten.

Blicken wir auf die Jahrzehnte zurück, so erkennen wir ganz unterschiedliche Facetten dieser beeindruckenden Persönlichkeit.

Diethard, der Theologe, vermittelte uns eine klare und überzeugende Konzilstheologie. Kirche ist Gemeinschaft. Kirche sind wir alle. Es kommt auf Dich und mich an, wie Kirche sich zeigt und dass Kirche lebt.

Diethard, der Liturge, vermittelte uns, dass der Gottesdienst mit uns und unserem Leben zu tun hat, dass wir darin vorkommen, dass unsere Gedanken und Fragen zur Sprache kommen. Immer wieder betete Diethard frei, bezog aktuelle Dinge und unsere jeweils anstehenden Themen in das Hochgebet und andere Gebete des Gottesdienstes ein, die Fürbitten hatten sowieso wir zu gestalten, zu schreiben, vorzutragen.

Diethard, der Lehrer, vermittelte uns Wissen und Erfahrungen über die Zustände der Welt und machte uns wachsam gegenüber Ungerechtigkeiten. Dabei war er nie frontal, sondern lebte stets das Miteinander.

Diethard, der Sänger, „lebte" die Musik. Wo er war, waren Klänge und Harmonien. Diethard sang gerne auch in Bussen, Zügen und S-Bahnen – und begeisterte auf diese Weise auch alle fremden Mitfahrerinnen und Mitfahrer. Was zunächst peinlich erschien, ließ unser Selbstbewusstsein und unsere Selbstgewissheit wachsen. Diethard gab uns auf diese Weise auch in besonderer Form „eine Stimme". Er ermutigte uns zum Singen und zum Musizieren.

Diethard, das Sprachgenie, lernte fremde Sprachen wie im Flug. Die Sprache eines Volkes vermittelte für ihn einen Kern von dessen kultureller Identität. Manchmal glaubten wir, er sei so etwas wie ein moderner Heiliger Geist, der sich in vielen Zungen verständigen konnte.

Diethard, der Übersetzer, dabei denken wir – als Beispiel – besonders an Huub Oosterhuis und seine Texte, die Diethard übertragen hat. Immer wieder, wenn er aus anderen Ländern zurückkam, brachte er Lieder mit, übersetzte und übertrug sie und ließ uns so teilhaben an einem künstlerisch kreativen Schaffen, das nicht nur durch die Texte und Lieder und Melodien wirkte, sondern auch durch den Vorgang der Übertragung, der hieß: Macht euch das, was in anderen Ländern geglaubt und gebetet wird, zu eigen, und nehmt es in eure eigene Lebenswirklichkeit hinein.

Diethard, der Europäer, war für uns Wegbegleiter in manchen Ländern dieses Kontinents. Seine Zeit in Brüssel, seine Zeit in Rom, seine vielen Fahrten in die Niederlande, nach Kroatien und überhaupt in den Balkan, in die baltischen Länder – Diethard hat uns damit Horizonte eröffnet und uns herausgestoßen aus einem Kirchturmsdenken in der Kirche und der Gesellschaft in Deutschland. Er zeigte uns: Es gibt andere Weisen zu leben und zu glauben, vergesst das nie! Er hat uns für Europa geöffnet und für Europa begeistert – und einen weltweiten Horizont verschafft.

Diethard, der Mutige, ließ sich von nichts und niemandem einschüchtern und war uns auch in dieser Hinsicht ein Vorbild.

So könnten wir noch viele „Diethards" aneinanderreihen. Ein begnadeter Mensch, ein Inspirator war er für uns.
Möge Gott noch lange seine Hand über ihn halten.

Dr. Michael Vesper *Dr. Stefan Vesper*

Lebenslauf von Diethard Zils OP

11. 10. 1935	geb. in Bottrop/Westfalen Grundschuljahre in Bottrop und Doberlug/Niederlausitz Gymnasium in Bottrop und Mönchengladbach
1955	Eintritt in den Dominikanerorden (Warburg)
1956 – 1963	Studium der Philosophie und Theologie (Walberberg)
1963 – 1964	Pastoralkurs in Augsburg
1964	Suppräfekt im Internat in Vechta
1965 – 1980	Düsseldorf: Mitarbeit in der Volksmission; Referent für Liturgie und Ministranten im Jugendhaus Düsseldorf; Mitarbeit in der Katholischen Studierenden Jugend (KSJ); Geistlicher Leiter der KSJ auf Bundesebene Publizistische Tätigkeit im Bereich Liturgie, Ökumene, Frieden
1980 – 1988	Bottrop: Mitarbeit in der Friedensbewegung; Geistlicher Leiter der KSJ im Bistum Essen; „Initiative Ordensleute für den Frieden"
1988 – 1992	Walberberg: Erwachsenenbildungsarbeit
1992 – 1998	Rom: Assistent des Ordensmeisters für Mittel- und Osteuropa
1998 – 1999	Mainz
2000 – 2001	Zenica/Klopče und Sarajevo (Bosnien und Herzegowina): Mitarbeit in der Pastoral und der Theologenausbildung
2001 – 2008	Brüssel: Mitglied der Internationalen Kommunität der Dominikaner; Pastoraler Mitarbeiter in einer flämischen Gemeinde bei Brüssel

Seit 2008	Mainz: literarische Tätigkeit; Pfarrseelsorge; Mitarbeit in der Kroatischen kath. Gemeinde und in der Gemeinschaft kath. Männer und Frauen (KMF)

Quellenverzeichnis

S. 14-23, 26-36, 38-45, 47-51, 53, in: Uwe Seidel / Diethard Zils, Psalmen der Hoffnung. Texte für jeden Tag. Schriftenmissions-Verlag Gladbeck 1982

S. 52, 156-157, 159-161, 268-297, in: Diethard Zils, *Pilger des Wortes. Auswahl aus der Poesie = Hodočasnik riječi. Izbor iz poezije.* Eingel., übers. und hrsg. v. Ivica Lovrić u. Frano Prcela. Globus / Dominikanski provincijalat, Zagreb 1994

S. 54-56, in: Heinz-Günter Beutler / Uwe Seidel / Stefan Vesper / Diethard Zil,s Ökumenische Jugendbibel. Die vier Evangelien. Mit Farbtafeln von Eva Degenhardt und Illustrationen von Tony Schreiber. Patmos Verlag Düsseldorf – Burckhardthaus-Laetare Verlag Offenbach 1987

S. 73-96, in: Diethard Zils, Du bist das Brot – Du bist der Wein. Gebete zum Abendmahl und zur Kommunion. Hrsg. von Uwe Seidel. tvd-Verlag Düsseldorf 1991

S. 98-102, in: Wort und Antwort 31 (1990) 119-121

S. 103-105, 207, in: Uwe Seidel / Diethard Zils (Hrsg.), Aktion Gottesdienst II. Zum Kirchenjahr evangelische und katholische Gottesdienstmodelle. Texte – Denkanstöße – Flugblätter – Tagesmessen. Jugenddienst-Verlag & Verlag Haus Altenberg Wuppertal – Düsseldorf 1970

S. 106-111, in: Wort und Antwort 33 (1992) 41-43

S. 112-114, in: Wort und Antwort 42 (2001) 1-2

S. 139, in: Wort und Antwort 39 (1998) 119

S. 140-143, in: Wort und Antwort 33 (1992) 61-62

S. 165-172, in: Wort und Antwort 23 (1982) 18-22

S. 173-174, in: Hirschberg (Köln), 62 (2009) 738

S. 177-180, in: Kontakt (Köln) Nr. 19, 1991, 4-5

S. 183-184, in: Hirschberg (Köln), 62 (2009) 752

S. 187-192, in: Wort und Antwort 52 (2011) 74-77

S. 193-194, in: Wort und Antwort 35 (1994) 92

S. 195-199, in: Wort und Antwort 55 (2014) 86-88

S. 203-204, in: Wort und Antwort 29 (1988) 57-58

S. 118, 205-206, 228-230, in: Uwe Seidel, Diethard Zils (Hrsg.), Gebete zum Frieden. Jugenddienst-Verlag, Wuppertal 1982

S. 208-209, in: Adalbertusforum Nr. 40 (2008) 2-3

S. 211-213, in: Wort und Antwort 27 (1986) 33-34

S. 219-221, in: Adalbertusforum Nr. 41 (2008) 22

S. 222-227, in: Wort und Antwort 26 (1985) 146-148

S. 231-236, in: Wort und Antwort 31 (1990) 74, 106-108

S. 256-259, in: Wort und Antwort 31 (1990) 94-95